教育应如童话般美丽

Education should be poetic like a fairy tale

李镇西 著

大夏书系·教育新思考

华东师范大学出版社

·上海·

图书在版编目（CIP）数据

教育应如童话般美丽/李镇西著. —上海：华东师范大学出版社，2024
ISBN 978-7-5760-5057-8

I.①教 …　II.①李 …　III.①中小学教育—教育研究　IV.① G632.0

中国国家版本馆 CIP 数据核字（2024）第 108554 号

大夏书系 | 教育新思考

教育应如童话般美丽

著　　者	李镇西
策划编辑	李永梅
责任编辑	张思扬
责任校对	杨　坤
封面设计	奇文云海·设计顾问

出版发行	华东师范大学出版社
社　　址	上海市中山北路 3663 号　邮编 200062
网　　址	www.ecnupress.com.cn
电　　话	021-60821666　行政传真 021-62572105
客服电话	021-62865537
邮购电话	021-62869887
地　　址	上海市中山北路 3663 号华东师范大学校内先锋路口
网　　店	http://hdsdcbs.tmall.com/

印 刷 者	北京密兴印刷有限公司
开　　本	700×1000　16 开
印　　张	15
字　　数	213 千字
版　　次	2024 年 8 月第一版
印　　次	2024 年 8 月第一次
印　　数	6 100
书　　号	ISBN 978-7-5760-5057-8
定　　价	65.00 元

出 版 人	王　焰

（如发现本版图书有印订质量问题，请寄回本社市场部调换或电话 021-62865537 联系）

序 教育呼唤童话

　　估计本书书名《教育应如童话般美丽》会让一些读者摇头："教育怎么可能是童话呢？还'美丽'？"

　　是呀，在"只要学不死，就往死里学""提高一分，干掉千人"之类的"励志"口号充斥于不少校园的今天，侈谈"教育童话"会让人觉得太"乌托邦"了。

　　然而，早在1996年，雅克·德洛尔任主席的国际21世纪教育委员会向联合国教科文组织提交了一份报告《教育——财富蕴藏其中》，德洛尔为这份报告所写的序言题目是《教育：必要的乌托邦》。

　　"乌托邦"一词，指不可能达到的世外桃源，也表达了一种趋向未来的美好理想。德洛尔说"教育是必要的乌托邦"，意思是教育应该超越当下而指向人类未来的幸福。教育之所以存在，就是因为它承载着人类的梦想，如果没有了这个梦想，教育就没有了意义。

　　作为一名有着40多年教育实践经历的中国教师，我还想赋予"乌托邦"另一个含义，就是教育不但代表了人类走向未来的理想，教育过程本身也应该有着美好、情趣、浪漫、纯真等乌托邦色彩。我们的校园应该洒满阳光，校园的教室应该洋溢芬芳，教室的课堂应该充满诗意……学校，应该是每一个孩子向往的地方！

然而，我们现在的教育是这样的吗？

中国当然有许多学校是非常吸引孩子的，无论是大都市的北京十一学校、育英学校，还是大西南的成都华德福学校和大山里的田字格小学……都是孩子们依恋的地方。像这样的学校在中国显然不止这几所，限于我的视野，也限于篇幅，我不可能一一列举。

但毋庸讳言，对相当多的孩子来说，学校并不是一个快乐的地方，而是一个想方设法逃离的"牢笼"。对此，用不着我拿出确凿的"调查统计数据"，许多有孩子读书的家长都会证明这一点。不然，怎么会有"厌学"的说法？

我的一个徒弟也是教师，他对我说，读小学二年级的孩子有一天回来兴高采烈地说："爸爸，明天不上课，老师说放假一天。耶！明天不上学喽！"原来，该市要举行大型国际博览会，为了避免交通拥堵，全市中小学都停课一天。孩子小，不懂学校为什么会放假，但"明天不上课"孩子是懂的，所以非常开心。

这位年轻的父亲对我说："李老师，我现在都还记得孩子上一年级的前一天晚上兴奋得睡不着觉的情景！这才多久啊，孩子就不愿意上学了！"

可是，教育本来不应该是这样的啊！我爸爸妈妈都是老师。小时候，我经常跟着妈妈参加她组织哥哥姐姐们（其实都是小学生）外出野炊、露营的活动。那时候，在我的心目中，上学就意味着好玩和快乐，意味着天上的风筝、原野的歌声、山坡的炊烟，意味着"让我们荡起双桨，小船儿推开波浪"……

我当然明白，学校不是捏泥巴、滑滑梯的幼儿园，而是学知识的地方，不能只有单纯的玩儿；但即使是课堂学习，也应该让孩子有求知欲的满足、好奇心的点燃和想象力的放飞……一句话，学习应该让孩子有一种源于智慧的快乐！教师应该把孩子求知的目光引向广阔无垠的宇宙，让孩子的心中装着整个世界，而不是将他们的心束缚于书本上那些必须死记硬背的"知识点"。充满智力挑战的学习，当然包括攻克难题的艰辛过程，但因为是主动超越自己，因而无论结果是不是满分，其过程都是一种学习的享受。

我在大学四年级的时候，读到了 19 岁的王蒙写的长篇小说《青春万岁》，书中洋溢的理想主义气息，深深地感染了我，让我情不自禁地想到了自己未来的教育，我甚至感觉，这部小说就是未来自己校园生活的蓝图。

所以，从工作第一天到退休，我都努力让自己的每一个班都色彩缤纷，让自己的每一堂课都妙趣横生。于是，有了"未来班"和谷建芬老师为我谱曲的班歌，有了峨眉山之巅我和学生躺在雪地上摆的"一班"二字，有了瓦屋山原始森林我和学生的探险之旅，有了我和学生在锦江之畔种下的一排排银杏树，有了我的学生走街串巷寻找成都公共场所的错别字，有了语文课上学生之间关于巴以冲突或谁能夺得本届世界杯冠军的激辩……

几年前，毕业 30 多年的学生和我一起骑游时对我说："李老师，当初你教我们的时候，我们每天都盼着上学！"

这是对我教育最好的，也是最高的评价。

"每天都盼着上学"，他们"盼"什么呢？不就是如童话般美丽的校园生活吗？

本书的不少文章，正是我童话般美丽教育的写照。我希望通过这些故事，提醒更多的教育者特别是年轻教师重新认识教育的本色，意识到教育原本应该是给孩子们带来现在的快乐和未来的幸福，而不是痛苦的折磨。让我们的校园少一些内卷的血腥，多一分和谐的温馨吧。让孩子们长大后想起校园生活不是不堪回首，而是发自内心地说："那是我生命历程中一段阳光灿烂的日子！"

我当然知道，今天的中国不可能回到几十年前。人口由几亿激增为十几亿，计划经济已经转为市场经济，由此带来社会生活节奏的急速加快和就业竞争的空前激烈，都让当今校园不可能再是田园牧歌。但是，无论国家和世界的经济、政治、科技、文化如何日新月异，人类所有的物质文明和精神文明成果最终必须造福于人类本身，因此我们的教育应该随历史的前进和时代的发展，更加符合人们对美好生活的向往，而不是背离人性。人工智能时代，教育更应该有利于人的解放与自由，而不是让新的科技成果成为应试教育精致的助纣为虐者！

今天的教育童话也许不可能复制昨天的模板，但应该也可能以新的形式展示教育的快乐！而快乐，正是教育童话的内核。

无论如何，我们的教育不能再让孩子们惧怕上学了。

2024 年 3 月 1 日于成都至合肥的航班上

目 录
c o n t e n t s

真情与直言

演讲与对话

行走与思考

成长与感悟

1982年，春天的憧憬

今天，是2022年1月31日（除夕）。40年前的这时候，我正处于一种兴奋中。

不是因为盼着吃除夕团圆饭。再说，除夕已经过去好几天——1982年的除夕是1月24日。虽然春节的气氛依然浓厚，但我的兴奋点不在春节，而是——

我大学毕业了，马上就要参加工作，成为一名人民教师了。

可能会有朋友不理解："大学毕业应该是每年的6月或7月呀，为什么您大学毕业会是年初呢？"

提这个问题的，一定是年轻人。

1977年10月21日，《人民日报》宣布恢复高考时，常规的高考时间早已过去。邓小平同志说，那就推迟半年考吧！于是，空前绝后的1977年高考创下了许多新中国高考史上的"唯一"：唯一一次推迟半年考试、唯一一次推迟半年入学、唯一一次没有全国统一考试日子（各省的高考时间不一样）、唯一一次没有公布高考成绩……

于是，作为1977级大学生，我却是在1978年3月入学，自然也就是在1982年1月大学毕业。

当初报考师范学院，倒不是出于对教师职业有多么强烈的兴趣和情感。但毕竟我父母都是教师，父亲曾是一名乡村教师，后来调到县教育局工作，又调到地区（市）教育局；母亲一直是小学教师。所以，我不反感师范，相反，觉得当老师挺好的。

四年大学时光一晃而过。1982 年 1 月 11 日，当大巴载着我和同学们驶出四川师范学院（现四川师范大学）时，我的行囊里装着同学的叮嘱和老师的勉励，而我的心里已经燃起了对中学语文讲台的憧憬。

那时候大学毕业不存在"找工作"这回事，所有大学毕业生都会有工作，而且是国家分配。但选什么单位和学校，还是因人而异的。因为 1977 级大学生是"文化大革命"后恢复高考的首批毕业生，各行各业都需要人才，所以很抢手。虽然是学师范的，但我班至少有一半同学分到了党政机关、报社、出版社、电台、电视台，甚至电影制片厂。所以，虽然后来有人说我分配到乐山一中是"运气好"，但以世俗的眼光看，分配给我的单位是最"次"的。

然而，当时我没有丝毫不满足。到教育局去报到时，看到我父亲当年的同事，我有一种自豪感——为继承父亲的职业而自豪。我父亲 32 岁时因病去世，那时我才 9 岁。15 年过去了，我不但长大了，而且也成了一名教育工作者。我从小就从叔叔阿姨口中知道，我父亲是一名非常优秀且有才华的人。我在文章中写"要为祖国的四个现代化贡献青春"不能说没有一点真诚，但多少还是有些赶时髦的味道，而我在心里告诫自己"一定要对得起父亲"，这是绝对真诚的。

记得在教育局，来接我们的乐山一中领导是副校长赵九如。那次连我在内，共有来自不同师范学院的七位应届毕业生被分配到乐山一中。赵校长代表学校欢迎我们，说学校需要我们这些"新鲜血液"，让我们春节期间好好休息，同时也好好准备，迎接开学后的工作。

单位确定了，我和知青朋友黄俊强、杨彦萍、袁光利、魏舫一起游了乐山大佛。在知青农场，黄俊强和我住同一寝室，亲如兄弟，后来当兵去了东北，这时也转业有了工作，并和杨彦萍结为夫妇；袁光利从无线电机械学校毕业后已经工作；魏舫还在四川大学读书，半年后毕业。

那时我们都年轻，单纯而热情，人生刚刚拉开序幕。站在凌云山上，看青衣江、大渡河、岷江三江汇合于我们的脚下，再向东流去；隔江远望，烟波缥缈处是我们的农场……

1982 年的春节是 1 月 25 日（大年初一）。过了春节，还有十来天就要开学了，我心中充满了期盼，甚至希望开学的日子早点到来。我想起赵校长要我们准备一张免冠照片，好办工作证，便专门去照相馆拍了一张证件照。我特意穿上了父亲留下来的一件黑色呢子中山装。

照片上，我意气风发，纯真自信。

2022 年 1 月 31 日

"谢谢您和我一起编织童话！"
——与谷建芬老师通电话

昨天下午，手机响起，我一看来电显示"谷建芬"。这个号码是多年前谷建芬老师告诉我的座机，我以为她早就不用了。

"是李镇西老师吗？"声音并不苍老，很有精神。

我很激动地说："是的，我是李镇西。谷老师您好！太让我惊喜了。"

她说，她收到我的书了，想给我回复却不知如何联系我，突然想到很多年前一个本子上好像记着我的手机号。"果真有，果真有！"她言语中有些激动，"终于又和你联系上了。"

《教育的100种可能》出版后，我首先想到的是要给谷建芬老师寄一套去，因为里面不少学生是唱着她谱曲的班歌成长起来的，甚至还有几个学生当年给谷建芬老师写过信。我想让谷建芬老师知道，37年前，请她谱班歌并唱这首歌的孩子今天的情形。

但如何联系上谷老师呢？虽然我手机上有她的座机号，但我以为这个号码她早就不用了——我居然没有想过试打一下，万一谷老师还在用这个号码呢？其实，我是有谷建芬老师的通讯地址的，但寄快递得有手机号呀！我去哪找呢？

后来，我发现我手机上还存着她女儿的手机号，便试着发了一条短信。很快，谷建芬女儿回复我，把书寄给她，由她转交给母亲。

我给谷老师寄的书有：《教育的100种可能》（上下册）、《成长是最好的奖励——教育人物见闻录》（里面有我写谷建芬老师的文章）、《让青春告诉未来》（未来班 30 周年聚会纪念）。

除了给每本书签名，我还给谷老师写了一封信——

敬爱的谷建芬老师：

您好！当年您为我谱曲的班歌《唱着歌儿向未来》至今响彻我任教的校园。三十七年过去了，您关怀过的孩子们已经年过半百，但他们心中永远回荡着您为他们创作的青春的旋律！

我退休已经五年，但经常想您，永远感恩您！

祝您身体健康！

有机会看您去。

晚辈　李镇西

2020 年 9 月 19 日

没想到她这么快就收到了，更没想到，她居然找到我的手机号给我打来电话，还表示"感谢"。

我说："要感谢您呀，谷老师！您现在身体好吗？"

她说："我身体很好！"我听出了她的自豪。

她还说，她前段时间去了一趟洛阳，很有感触，没想到一个小城现在那么漂亮。她应邀准备为洛阳写一首歌。她说："我让他们给我一些洛阳的词语，这样更适于洛阳人唱，不然我用北京话的词儿谱曲，洛阳人唱起来不那么贴切。"

"您想得真细啊！"我说。

我告诉谷老师："我给您寄的这一套《教育的 100 种可能》，里面有唱过您谱曲的班歌的孩子，他们现在都 50 多岁了。"

"哟，都 50 多岁了，时间过得真快！"她说。

"是呀，"我说，"您今年有 85 岁了吧？"

她说："是的，我 85 岁了。你记性真好。"

"1984 年我第一次见您的时候，您说您 49 岁嘛！"我又说，"谷老师，您当年为我谱曲的这首歌不但影响了我一批又一批学生，而且激励着我走到今天。真的，年轻时我就这样想，本来谷建芬老师和我的学生并没有直接的关系，可她都那么关心我的学生，那我有什么理由不把我的本职工作做好呢？我真的是这样想的。因为您这首歌，我的教育生涯充满了童话气息，那么美好！我特别自豪的是，谷老师，您是为我一个人谱了一首歌啊！"

她说："是的，我只为你的班歌谱过曲，唯一的。"

我问谷老师："王健老师现在情况怎么样？身体如何？我一直想去看她，当面感谢她呢！"

谷老师说："她现在耳朵不行了，完全听不见。我去见她时，用嘴对着她的耳朵说话，都没用，只能用笔交谈。她身体还行，现在住在老人公寓，每天还在写东西。她的房间就两张床，一张床是她睡觉，另一张床堆满了她写的东西。"

我说："唉，我一直没能去看她，当面表示感谢，这是我几十年来的愧疚。"

当年，我和同学们把歌词寄给谷老师，因为我们不懂歌词应该和音乐旋律相吻合，所以谷老师便请她的老搭档王健（著名词作家，《歌声与微笑》《绿叶对根的情意》《历史的天空》等歌曲的词作者）帮我们修改歌词，并把歌名定为《唱着歌儿向未来》。开头几句极富画面感："蓝天高，雁飞来，青青松树排成排。我们携手又并肩，唱着歌儿向未来……"就是王健老师加上去的。

我问谷老师："王健老师年龄好像比您大吧？"

"是的，比我大九岁。"

我一算："那今年 94 岁了啊！"

我心里想，以后有机会还是得去看看王健老师。虽然她可能早已忘记给我们修改班歌歌词的事了，但我和我的学生永远不会忘。

我问了谷建芬老师一个问题，这个问题我几十年来想过很多次，却一直想不明白："当年，我不过是一个20多岁的小伙子，与您素不相识，您怎么就答应给我们的班歌谱曲了呢？"

她说："当时我看了你和学生的信，就感觉你是一个很爱教育、很爱学生且很有想法的老师，每一个学生都在写给我的信中对我充满期待，所以我觉得应该为你们做点什么。"

我感慨道："现在，哪里去找像您这样的艺术家啊！我写《教育的100种可能》，就是想通过我教过的几十个学生的几十年人生，告诉大家，无论孩子现在在你面前是表现好还是表现不好，成绩是优秀还是不优秀，他的将来都有无数种可能！对学生真正的爱，是爱他这个人。"

她说："是的，是的，你说得太对了。"

我说："其实，这也是您的理念。您可能已经忘记了，1984年4月，您给我学生写的最后一封信中，勉励我的学生正确对待中考。其中有一段我经常给我后来的学生读，我几乎都能背下来……"

谷老师在当年的信中对我的学生这样说——

无论考上高中或考不上高中，或者考职业技校，这只能说是学习的渠道不同而已。升学能学习，不升学做别的工作也同样是学习，关键在于自己对人生的想法是什么。只要有追求，即使在最差的条件下也能做出贡献来，闪烁出智慧的光芒，对吗？

当我背完这段话，谷老师说："你记性真好。对的，是这个道理。"

我说："书中的刘春华和伍建，当年都和您通过信，他俩都没考上大学。伍建当过代课老师，当老师的时候把您为未来班谱曲的班歌作为他班上的班歌，教学成绩也很好，但没能转正，后来又去打工，但不管做什么工作，都善良正直，现在自己开了一家公司。刘春华现在是公交车司机，但因为善良，很受乘客欢迎。这些学生都证明您当年信中说的，'关键在于自己对人生的想法是什么'。"

谷老师说："真好！"

她又问我："我的那 50 首歌你有没有？"

我想了想，说："2003 年 10 月我见您之后，回到成都收到过您寄来的 CD。"

她说："不是不是，那只有 20 首，我后来又录制过 50 首。你肯定没有，这样，你把你现在的地址告诉我，我给你寄去，还有我几本书，一起寄。"

我说："谢谢谷老师！可一定要签名哦！"

她说："放心，要签，要签！"

我说："谷老师，是您为我和我学生谱曲的班歌，让我的教育成了一个童话。谢谢您和我一起编织童话！我想在合适的时候，带着未来班的学生去看您。"

她说："好呀好呀！我一般都在北京，你随时来我都欢迎！"

放下电话，我激动不已，感恩之情溢满心中。

曾经有人说："李老师，您是名人，自然认识很多名人，他们当然也愿意帮您。"

这话如果不是对我的误解，就是对谷建芬老师的亵渎。当时我不过是刚工作不久的年轻人，谁认识我呢？善良而富有社会责任感的谷建芬老师，愿意帮助一个年轻人，更愿意为孩子们写歌，就这么单纯！而且，当年谷老师给我们的班歌谱曲的事，无论是我还是学校都没有任何"炒作"，虽然觉得感人，但也认为很正常。当时我不愿声张，还有一个原因，就是怕别人说我"攀附名人"。直到 15 年后我写《走进心灵》时，才详细讲了这个让我永远感恩的故事。

现在，人与人之间的交往充满功利的"算计"，不少人把所有的付出都视为"投资"，现在甚至还有人公开为"绝对的精致的利己主义者"辩护，两种境界，天壤之别。我和谷建芬老师的交往，如童话般美丽而神奇，今天已经有很多人不相信了，所谓"夏虫不可以语冰"。

但我相信，这样的人，这样的故事，这样的童话，依然存在于一切理想主义者的生命中。

晚上，我在未来班微信群里告诉大家，我去看望谷建芬老师时，可以带几位同学同去，不少同学报名。

我盼望着，我和年过五旬的"孩子们"当面向谷建芬老师唱班歌的时刻……

2020 年 9 月 30 日

再次探望谷建芬老师

我和北京丹麦签证中心约定明天去递交签证申请材料，今天我特意提前飞到北京看望谷建芬老师。

和上次相比，88岁的谷建芬老师没多大变化，身子骨依然健朗。

没聊几句，我就拿出手机，找出一个视频给她看："这是前几天我在株洲讲学时，全场400多位老师一起唱您当年为我谱曲的班歌《唱着歌儿向未来》。"气势磅礴的歌声中，谷老师笑了。

我说："一位和您同龄的老教育专家建议，把这首歌作为更多班级的班歌，他要我请您授权。我说，这事不用请示谷老师，我就可以做主！就是要让谷老师的歌被更多的孩子唱！"谷老师点头笑了起来。

前年12月我带着几个学生去看谷老师，当着她的面唱班歌，谷老师弹钢琴为我们伴奏。那天下午我刚到机场，就接到谷老师的电话："哎呀，刚才忘记让你们参观我的资料室了，里面有很多我的东西呢！"我也感到很遗憾，谷老师说："下次来一定看看。"

今天，谷老师请我参观她的资料室。走进去，满屋堆积的堪称"文物"的资料，让我十分震撼。

一张张图片、一件件手稿、一篇篇报道、一个个奖杯……展示着谷老师的艺术人生。谷老师的女儿谷婴抽出一个厚厚的本子给我看："这个本子是我爸爸送我妈妈的，我妈妈用来做课堂笔记的。当时她在沈阳音乐学院学习，院长是李劫夫。我妈妈说，当时她个儿矮坐第一排，李劫夫上课时，一边讲一边走到学生中间，大大的肚子都顶着我妈妈了。"讲到了这里，谷建芬老师也哈哈大笑起来。

谷婴给我翻看着笔记本，纸张已经发黄，甚至有些脆了，但上面娟秀工整的字迹依然清晰，尤其是五线谱，简直就像是印刷体！

在一张黑白照前，我凝视了很久。一座土墙茅屋前有四个年轻人，贴墙站着的就是当年才20多岁的谷建芬老师，虽然只是个侧面照，但可以看出谷老师非常漂亮。

然而，下面的文字却令人感到沉重。这是谷老师亲笔写的说明——

照片的故事

1957年谷建芬给中央歌舞团贴了一张"大字报"，反映为什么领导们吃得好又吃得饱，而我们吃得不好又吃不饱，为此，中央歌舞团就给我戴上了"右倾分子"的帽子，于1957年12月—1958年12月，被下放到江苏省六合县泉水乡双星公社稻场劳动改造。被下放的四个人住在牛棚里，白天没有饭，只有晚上一顿饭。这张照片里的是当时被下放的四个人。我们站在牛棚宿舍门下，沐浴在阳光下合影。因为谷建芬是"反党反社会主义"的身份，因此23年不许我创作，直到1980年我才自由地开始写出了第一首歌《年轻的朋友来相会》。

我想到了1984年8月第一次见谷建芬老师时，她跟我说，不久前，她的歌被一些人批判为"靡靡之音"。我至今记得谷老师对我说："我的歌只要人民喜欢，年轻人喜欢，我就要写！"她说她准备办一所学校，专门培养年轻人。不久，她果真创办了"谷建芬声乐培训中心"，学费全免，食宿全包。她想培养出中国最好的演唱人才，来演唱她的作品，于是那英、毛阿敏、孙楠、苏红、解晓东等众多实力歌手脱颖而出，红遍中国。

我惊讶地发现，谷老师还搜集了一些批判她的文字。比如，2009年某人写信给中宣部，批判《今天是你的生日，我的中国》，还有人批判她创作的儿童歌曲《新学堂歌》。

但是，有了千千万万老百姓对谷建芬老师作品的喜爱，这些"欲加之罪，何患无辞"的诽谤，无损于艺术家的光辉。

我对谷婴说："我对你妈妈充满敬佩，不仅仅是因为她为我们的班歌谱曲，更因为她具有知识分子的风骨！"

我指着墙上毛阿敏、那英、孙楠、刘欢等明星的照片，对谷老师说："人们只知道您培养了一大批歌坛巨星，却少有人知道，您还影响了一位教育者的成长，就是我。"

这是我发自内心的话。

临别时，我对谷老师说："上次来的时候，您给我唱您的新作《再次相约二十年》，我对您说'谷老师，我们说好了，再次相约 20 年'，您要等着我！"

像上次一样，谷老师送我到门口，然后向我挥手，脸上是一如既往的慈祥微笑。

2023 年 4 月 12 日

最大的遗憾是没能当面感谢王健老师

熟悉我年轻时创作班歌的朋友都知道，是谷建芬老师帮我谱的曲，但很少有人知道，我们的歌词是经王健老师修改的。

当年我和学生给谷建芬老师写信时，信封里装了我们的歌词。歌词受那个时代的影响，标语口号的味道比较浓。虽然我作了一些修改，但我毕竟不懂音乐，难以写出符合音律的歌词。

所以，谷建芬老师收到信后，在给我和我学生的回信中特别说："寄来的词看过了，我觉得需要改动一些，应该具备青少年的特点和风格为好。我请人帮助修改可以吗？改好了，我再谱。"

她请的修改者是谁呢？是她的老搭档王健老师。

"王健"这个名字太普通，中国估计有几十万个"王健"，但作为杰出的歌词作家，却只有一个，只是可能知道的人不多。不过，她作词的歌却家喻户晓，比如《绿叶对根的情意》《歌声与微笑》，还有她参与创作的《让世界充满爱》。

当然，最有名的是《三国演义》的一组插曲《这一拜》等和片尾曲《历史的天空》——

> 黯淡了刀光剑影
> 远去了鼓角铮鸣
> 眼前飞扬着一个个

鲜活的面容

湮没了黄尘古道
荒芜了烽火边城
岁月啊你带不走
那一串串熟悉的姓名

兴亡谁人定啊
盛衰岂无凭啊
一页风云散哪
变幻了时空

聚散皆是缘啊
离合总关情啊
担当生前事啊
何计身后评

长江有意化作泪
长江有情起歌声
历史的天空闪烁几颗星
人间一股英雄气
在驰骋纵横

这是谷建芬老师和王健老师最具震撼力的合作。用谷建芬老师的话来说，是"两个娘儿们"完成了这部最具男人气魄的作品。

仔细看谷建芬老师的歌曲，许多是"王健词，谷建芬曲"。我深感荣幸的是，她俩曾经为我的班歌创作合作过一次。

说实话，当时我并不知道"王健"是谁，后来谷老师给我寄来歌谱，她特意在作者栏写上"王健改词"。

　　说是"修改歌词"，实则脱胎换骨。王健老师只是取了我们原歌词奋进向上的主题，然后以清新健朗的语言表达了出来。歌词共三段——

蓝天高，雁飞来
青青松树排成排
我们携手又并肩
唱着歌儿向未来
同学们团结多有爱
畅游在知识的大海
园丁辛勤来灌溉
理想之花校园里开

蓝天高，雁飞来
青青松树排成排
我们携手又并肩
唱着歌儿向未来
先辈对我们在期待
人民盼我们快成材
体魄强健心灵美
要做奋发的新一代

蓝天高，雁飞来
青青松树排成排
我们携手又并肩
唱着歌儿向未来

比高山，比大海

比不上我们对祖国的爱

历史的火把接在手

唱着歌儿向未来

开头四句就把我们征服了："蓝天高，雁飞来，青青松树排成排。我们携手又并肩，唱着歌儿向未来。"

多么明媚清新的画面——天高地阔，松树成排，一群天真烂漫的孩子拉着手唱着歌，正活泼泼地向前跑去，追逐着蓝天上高飞的大雁……

再反复吟唱其余歌词，既表现了孩子们成长的生活，又表达了教育的历史感，而且没有一句"紧扣政治"的"时尚话"。可以这样说，这个词，再过一百年也不会过时。因为朴素，所以永恒。

1984 年 8 月，我特意去北京当面感谢谷建芬老师，却没有见到王健老师。我只是请谷老师转达我对王老师的谢意。

几十年来，我不止一次见谷建芬老师，也常常和她通话，却一直无缘当面向王健老师表达感谢。

去年和谷建芬老师通话，她说她心情不好，因为"王健去世了"。她很伤感地说："后来她住在养老公寓，耳朵听不见了，我和她聊天，就通过在纸上写。她比我大九岁。"

后来我查了查资料，王健老师出生于 1928 年，比谷建芬老师大七岁，估计是谷老师记错了。2021 年 7 月 30 日，王健老师因病去世，享年 93 岁。

我永远失去了当面感谢王健老师的机会，无比遗憾。

但她为我和我学生创作的歌词，将随着谷建芬老师谱写的旋律，永远唱响在我和我学生的心中。

2022 年 12 月 28 日

我和你们一起成长

十年前，当爱心与教育研究会（当时叫李镇西教育研究所）在成都市武侯实验中学开第一届年会时，我很难想到，这个民间的草根团队会持续十年，迎来今天在昆明的盛大聚会——爱心与教育研究会第十届年会。

当时我是被动勉强接受这个团队的，后来果真也引起了不少误解和议论。但是一批又一批默默无闻而有追求的一线老师的成长，让我看到了爱心与教育研究会（简称"爱研会"）成长的意义——或者我干脆坦率地说，看到了我存在的意义。

我曾经对中国教育很悲观，在新浪博客的签名是"李镇西，一个悲观绝望的教育理想主义行动者"。在一次报告的结尾，我曾说："有老师可能会问我：李老师，您说的这些我都同意，但您能改变世界吗？我的回答是：我没有想过要改变这个世界，我只希望这个世界不要改变我。"的确如此，从教以来，我一直告诉自己，这一辈子我就追求从教育中获取八个字："职业幸福，心灵自由"。现在退休了，我觉得自己实现了当初的目标。我几十年教书很幸福，同时自己自由的精神世界一直没有被污染。

但是，当我看到远在吉林的乡村教师李素怀老师乘坐 42 个小时的火车（那是她第一次走出小镇）来参加第一届年会时，当我看到广东的黄建军创造性地将我的"未来班"建成有声有色、有滋有味的"皇家班"时，当我看到东北的任秀波老师在中山年会上展示"剪纸与吉祥文化"的系列活动并在后来又陆续开发了许多有益有趣的课程时，当我看到湖北的王丹凤老师由一名普通的中学数学老师成长为渐有影响力的名师时，当我看到乡村教师张学勇成为《课堂内外·中国好老师》杂志的封面人物并出版专著《守望教育——大山深处的"香格里拉"》时……我渐渐意识到，我没法改变世界，但的确可以影响并且已经改变了一些老师。

当然，这些老师的成长因素有很多，不能都归功于我，但他们成长的路上，多多少少有着我鼓励的目光。为此，我深感欣慰和自豪。

爱研会每次年会与其他论坛最大的区别之一，就是每一个人（毫无例外是"每一个人"）都是自发自费来的。没有行政指令，不是学校安排，完全是出于去和一群志同道合的人相聚，而克服重重困难赴约的。今年的新冠疫情和河南暴雨洪灾，影响了参会者的行程，一些本来已经报名的老师也不得不取消，但依然有许多老师不可思议地赶到年会现场。在报到当晚的见面会上，一位郑州的老师说："今天早晨我家里的水还有一米深，水势刚刚减弱，我就踏上了路途。"全场为他鼓掌。这次到会的500人中，并不全是爱研会成员，很多老师是因教育而来，是为了加入爱研会而来。

詹大年对我说："爱研会这些老师真好！朴实，善良，上进。"我同意大年的评价。是的，他们都来自最基层的一线，每天做着中国所有一线教师都做的一切：备课、上课、批改作业、找学生谈心、处理突发事件、接待家长来访，以及应付各种似乎永远都应付不完的"任务"，但他们又和许多以"一线老师"为道德制高点的老师不同，不抱怨，不埋怨，更不把一腔怨气撒在学生身上，而是专心致志地上好每一堂课，带好每一个班，爱着每一个孩子，晚上和周末便静心读书和记录自己的教育生活。

那天晚上，听着王军老师眉飞色舞地讲述他刚刚送走的高三毕业班，看着他乐呵呵的表情，感觉年近40岁的他就是一个青春焕发的高三学生。当时，我笑称他为"长不大的儿童"。是的，教育使人年轻啊！

在年会上，我为老师们作了题为"用生命润泽生命"的演讲。一位网名为"大地爷爷"的老师在其公号上这样写道——

李镇西老师由一首台大合唱团的《童年》开场。

熟悉的歌词、熟悉的旋律带着大家思绪纷飞。同一首歌，不同的人听出不同的味道。

李镇西老师说，歌词所唱出的，都不是孩子的缺点，而是成长的特点。"尊重童年，把童年还给童年，这就是尊重生命。"几句话就点出了教育的关键。

李镇西的报告主题是"用生命润泽生命"。什么是用生命润泽生命？李镇西老师是这样解读的：

用思想照亮思想，用激情点燃激情。

用爱心滋养爱心，用个性发展个性。

用梦想唤醒梦想，用创造激发创造。

用浪漫缔造浪漫，用情趣营造情趣。

用人格铸造人格，用心灵赢得心灵。

李老师说，教师做生命教育，首先要关注自己的生命状态，去教育自己、完善自己，获得成长。

李镇西老师的兴趣爱好十分广泛。

比如，热爱阅读。他说，没有阅读就没有生命，最美的阅读是没有功利的阅读。这一点我十分同意。

比如，热爱写作。写作记录生命，储存生命，保鲜生命。

比如，热爱运动。这是一个对自己有要求的人才会坚持做的事情。

比如，热爱摄影，而且有很多惊艳的作品。《好教师是这样炼成的》这本书中，每一辑前面的照片都是李老师的作品，每一张都美得有意境。

再比如，热爱自然，他要从阳光和水波中读出生命的状态和气息。

……

我看到李镇西老师一边作报告，一边利用间隙在会场抓拍，觉得他真是十分可爱。

我想，这就是他的生命状态吧！在他的声音、神情和动作里，我们可以感受到那些藏不住的激情和热爱。

用李镇西老师的话说，用生命润泽生命，就是"师生彼此成为对方永远温馨的记忆！"

朱永新老师本来说好要来参加这次年会，看望这些可爱的普通老师，但因为疫情而临时取消，但他发来了热情洋溢的视频致辞。

在致辞中，他对爱研会予以高度评价——

作为新教育实验的一个团队，爱心与教育研究会由遍布全国的最基层的一线草根老师组成。这些草根老师都是新教育的个体户，各自在自己的教室践行着新教育理念，没有任何行政指令，也没有计算任何"继续教育课时"积分，更没有差旅费和补贴，仅仅是为了过一种幸福完整的教育生活。说实话，这种自发结伴、自主学习、自由成长的精神和做法，让我非常感动！

爱研会不知不觉走过了十年，我一直想给这些可爱的年轻人一点什么礼物。我想到了和他们一起写一本书，以记录十年来我们一起走过的路。于是，便有了《好教师是这样炼成的》。书中汇录了践行"五个一工程"（每天上好一堂课，找一个孩子谈心，思考一个教育问题，读书不少于一万字，写一则教育随笔）的成果，展示了他们精彩的班级和课堂。在这次年会上，我们举行了《好教师是这样炼成的》新书发布会。当我看到全场老师手举该书欢呼时，我觉得我真的送了老师们一份有意义的礼物。

2021 年 7 月 28 日

青春袭人，我忘记了年龄

当我和 20 位年轻人站在悬崖的玻璃栈道上对着满目墨绿的群山沟壑大声喊出"我们要飞上天，和太阳肩并肩！童心永恒，青春万岁"时，我觉得我一下回到了 18 岁。

2015 年卸任校长后，武侯区教育局潘虹局长支持我建立了"李镇西博士工作站"，两年一期，迄今已经招收了三期学员。平时我们每月有一次聚会，或听专家作报告，或进行读书分享，或观摩课堂，或参观名校，当然有时候是我给他们讲我的成长故事或我的教育思考。没有任何世俗的功利，不为证书文凭，但大家都感觉到了成长，而我也和年轻人一起继续成长。

这次，我们决定利用暑假搞一次户外休闲活动，地点确定在风景秀美的柳江古镇和玉屏山间。短短两天，给我们留下了极为美好、温馨、浪漫的记忆——

在柳江客栈，我们洗去汗水尘土，坐在底楼的餐厅里，围着长条桌与两位专家共话教育：班级管理、儿童视角、青春期教育……一个感悟激发另一个感悟，一个故事引出另一个故事。情感、思想、智慧都在这里聚会。有趣的是，旁边就是一桌麻将，因为我们的热烈讨论，麻将声也减弱了许多，四位麻友也自觉降低了声音。

在小镇的酒吧，大家彻底放松，引吭高歌。我首先放开嗓子，吼了一首《我爱祖国的蓝天》。我的声音一出，全场喝彩鼓掌（当然，都是出于对我的鼓励）。唱到一半，我走下台来，一边唱一边和"粉丝"们握手，俨然是歌坛巨星，引起一阵欢呼尖叫，气氛达到高潮。然后，大家纷纷献歌，还有老师翩翩起舞。

第二天晚上，我们相聚于河边古榕树下的阁楼里，以"突然袭击"的方式为兰静老师庆祝生日。当大大的生日蛋糕呈现在桌上时，兰静惊讶地说："你们怎么知道今天是我的生日？"蜡烛点上了，兰静许愿，吹蜡烛……掌声响起。我说："我今天要送给兰静一个礼物，而且我希望我们每一个老师都送给兰静这个礼物！"接着，我张开双臂拥抱兰静，然后每一个人都和兰静拥抱，兰静流下了幸福的泪水。

傍晚，古榕树下，河边。一排石墩呈 S 形坐落于水中，形成一座独特的桥。我和老师们依次站在石墩上，一个石墩站一个人，或手牵手，或扬起手臂，或伸出左腿……脚下是滔滔流水，脸上是灿烂的笑容，相机记录下这暮色中美丽的一幕。同样在河边的石阶上，年轻的老师们簇拥着我，比划着各种手势。我因他们而忘记了年龄。

在曾家园的老房子里，我们站在戏台上，拿腔拿调地用戏曲腔唱出："童心永恒，青春万岁！"然后挥舞出潇洒的手势。下了舞台，我站在天井中央，把无人机升上天空，俯瞰呈繁体"寿"字形状的老房子建筑群，俯瞰洪水滔滔中的柳江古镇。

在玉屏山，我和大家在滑翔的斜坡上欢快地拍各种"跳跃"的照片。一群老师蹲着向我"发功"，我则装作被她们的功力推上了天——实际上，我是竭力往上跳，腾空而起。几位老师在雾中滑翔，在大家的欢呼声中，乘着滑翔伞飞上天空，消失在浓雾之中。

在稻香湾，彩色稻田里画着三头强健的牛。我们在烈日下走上田埂，走到稻田中央，我升起无人机，大家仰头看天，对着天空挥手欢呼。从无人机的视角看，我和一群年轻人的身影成了一幅青春的画被镶嵌在希望的田野上……

光明寺，被认为是整个柳江风水最好的地方，从那里看柳江是最美的。淅淅沥沥的小雨中，我们来到山坡上的光明寺前，果然，远处悬着瀑布的山峰隐约可见，一片一片的云雾如撕碎了的白纱，在柳江古镇上缓缓飘着，原来这就是传说中的"烟雨柳江"。

……

离开柳江之后，小伙伴们还在群里聊着柳江之行留在他们心中的美好和感动——

袁志雷：最开心的是，我们能心无杂念得像孩子一样玩，李老师这位歌星"得意忘形"地与歌迷一一握手。李老师身体力行地诠释了什么是童心永恒。

王兮：很难用一个"最"来形容这次柳江之行，切割开来是一帧帧画面，涉水，拍照，座谈，玩耍，闲聊，战战兢兢走在玻璃栈道上，拍摄集体的"青春大片"，玩滑翔伞，享受翱翔天际的感觉，半夜在古镇的 KTV外面声嘶力竭地唱歌……每一刻都有每一刻的欢喜和感悟。这些感悟里，还配着古镇黛色的背景，石板路，红灯笼，蝉鸣千转不穷，地震晃晃悠悠。所以，我更喜欢把它看成一个整体，打包压缩成我们共同度过的时光中的一段精彩的、绚烂的、五光十色的回忆。没有"之最"，每一刻都是活在当下的高光时刻！

刘明全：让我感触最深的就是在四楼的围庐夜话，一群志同道合的人围坐在一起，聊着学习中的困惑、教学中的烦恼、生活中的趣事、育儿中的酸甜苦辣咸，聊着聊着就忘记了时间，完全进入了一种忘我的状态。

康丽娟：柳江之行，一群志同道合的伙伴一起玩耍，一起学习，而最让我难忘的是石墩上拍照。我最害怕流动的水，所以到现在也不敢学游泳，只要盯着它，我就会头晕；去海边玩，也只能在沙滩上，害怕浪打过来，没把我拍死，我却先晕了。而前往桥墩，小伙伴们牵着我的手前行，我感到温暖。而抬脚拍照时，因为我穿的凉拖鞋，生怕鞋子掉进河里不见了，前后的小伙伴给予我安全感……

袁白薇：每一个画面都很美好，每一次集体拍照，一起向着天空喊出我们的心声，"童心永恒，青春万岁！"童心，青春，永远伴随我们。听老师们分享，大家一起畅所欲言，共同剖析烦恼、疑问。在餐桌上，罗燕老师问我们，觉得学习带给我们什么。大家严肃又认真地回答：开心，面对生活的淡定，对世界多角度的思考……我们都期待发问的罗老师回答，她说："学习让我认识了大家！"我们哈哈大笑，这是把一个高大上的问题，问成了脑筋急转弯！仔细一想，难道不是吗？学习让我们走到一起，共同的理想让我们聚在一起，相同的热爱让我们坐在一起，我们共同的老师——李老师将我们凝聚在一起！罗老师的回答最精彩！

侯慧萍：我们在柳江边上围着李老师摆拍看照片的场景，那一张，李老师笑得像个孩子，可爱得要命！喜欢看我们的车队，排着队奔驰在大路上。喜欢在玻璃栈道上，对着大山呼喊："童心永恒，青春万岁！"我希望以后还能有这样的机会，和一群志同道合的伙伴并肩前行！此行感觉到大家就像家人一样相互关照着彼此。甚至我们还可以带上自家的孩子，看李老师放飞无人机，听李老师富有童心的调侃，一起在草地里找金龟子，去河里抓螃蟹，去沙滩上玩沙子……

兰静：难忘的太多了，每一次合照，每一次喊出我们的口号……在玻璃栈道上，我因为害怕躲在一边，被蒋长玲老师发现，她过来牵着我一步步地缓慢行走……我当时内心只有一个想法，蒋老师的学生一定是世界上最幸福的孩子！再到后来那个温馨的夜晚，一个突如其来的蛋糕，还有来自小伙伴们的温暖拥抱……我的眼泪止不住地往外涌！这是幸福的眼泪。从没想过自己在而立之年还能被一大群人宠得像个孩子！这一刻，内心只有温暖的涟漪在不断地扩散、放大！谢谢第三期工作站的每一个小伙伴，谢谢班长，谢谢李老师！此刻，我为身在这样一个班集体感到幸福、骄傲！

……

我跟老师们说："我退休后，告别了学校，离开了学生。可因为有了你们，我感觉自己依然生活在学生之中。"

这是一群有纯粹教育理想的年轻人，单纯而清纯。我原本和他们素不相识，因教育情怀而走到一起。他们用青春挽回我的青春，用童心留住我的童心，和他们在一起，我忘记了年龄。

2021 年 7 月 16 日

"我们就是教育的光！"

我一直不愿用"毕业"这个词来表示每一批工作站学员两年到期后的离别。因为李镇西博士工作站不是学校的正规学习，甚至也不是有计划、有目标的系统培训，这只是一个带有沙龙风格的学习共同体。没有"学业"，何来"毕业"？

第四期的老师们决定在期满之际搞一个活动，或者说一个仪式。这个活动仪式总得有一个名字吧？那就还是用"毕业"这个说法吧。

其实，没有一个人愿意"毕业"。记得一年前我带着他们去凉山彝族地区考察教育时，罗黄在路上说："一晃就过去一年了，我们只有一年的时间了。一想到要和李老师告别，我就想哭。"不只是罗黄，第四期所有学员都不愿意"期满"，他们一再向我提出："希望能够延期，最好是第四期永远不结束！"

我理解大家的感情，说："我也舍不得你们，但总要有新的学员进来啊！就像你们在学校带班，不可能永远带一个班的学生，一届结束总会分别，然后总会有新生进来啊！"

2023 年 7 月 31 日，第四期的学员们和我相聚于青城山的一家民宿。工作站的班主任王兮老师安排邓冬华下午陪我逛山。我想起去年第三期的学员在天台山背着我神神秘秘地作准备，安排袁志雷陪我逛山，我便知道今天他们也想背着我"搞事情"。王兮知道我的心思，说："你就装作不知道吧。"我说："当然，我一定好好配合。"

我完全能感受到这些年轻人对我的感情，也理解他们想对我表达这种感情，并且要用一种"突然袭击"的方式给我惊喜。为此，想必他们这几个月在繁忙的工作之余，花费了大量的休息时间，所以我必须配合，不能让他们失望，一定要让他们的"阴谋"完美地"得逞"。

去年第三期给我的惊喜，是用半年时间为我创作了一首歌《答案》，并在录音棚录制了他们亲自演唱这首歌的 MV。我当时跟第三期的学员们开玩笑说："你们这样做，让第四期的学员怎么办？你们给我写歌，那他们岂不是要为我拍一部电影？"这是调侃，我知道第四期的学员不可能拍电影，但他们会给我怎样的"礼物"呢？

我也不去多想，想也想不出来，就等着晚上，让幸福自然而然地到来吧！

晚上七点，他们邀请我来到民宿的一间大房子。在门口有一个签名簿，这个签名簿很特别，不只是签个名，还要画自画像。看见比我早到的学员的画像和签名，我乐了，寥寥数笔就把自己的形象画了出来，然后在下面签上自己的名字。

一走进大房间，掌声和欢呼声便响了起来。室内装饰一新，墙壁上挂满了彩色气球，在两根圆柱之间还展示着我们两年来活动的各种照片，特别是我和每一个学员的合影。我仔细看了看这些照片，我和年轻人在一起，真的青春焕发。

他们不但忙了一下午精心布置了这个房间，而且在紧张的工作之余认真准备了表演节目，就是为了今天这台晚会。

活动由吴小国和李洁主持。

林大琼以一曲《春夜喜雨》的独唱，拉开了演出的序幕。然后是舞蹈《你最重要》，特别活泼，极富感染力。我稍微想了想，表演者谭诗语、廖丽涛、祝雪琴、汪小靖、朱伶俐、廖萍、李洁、焦栩婕、何娟、王莉等人全是幼儿园老师，难怪她们那么天真活泼。

接下来是歌曲、舞蹈、诗朗诵、游戏、快板……可谓精彩纷呈。工作站每一位学员至少有一个节目。整个晚会笑声不断，掌声不断。

我印象比较深的节目是由刘璐创作文案，然后由李旭萍、王慧茹、何柳蓉、杨婷婷、刘璐表演的快板《快说》。她们打着快板上场，以幽默的语言，将李镇西工作站第四期的学习过程展示了出来。

文字无法呈现这个节目的精彩，因为他们表演时将普通话和四川话混合使用，一种特别的幽默感让众人哈哈大笑。当然，不只是笑，大家在笑声中很自然地回顾了两年来所经历的每一次学习活动。

看着一个个并不高大上却依然精彩的节目，我想，这得花老师们多少时间和精力啊！尤其是在期末工作最忙的时候。

最朴素又最让我感动的是，全体学员以"自从遇见您"为主题的朗诵——其实，就是轮流上台对我说几句话。他们用这种方式向我表达他们的真情——

> 自从遇见您
> 我的生活多了一抹彩色的光芒
> 我的课堂多了一丝幽默的痕迹
> 我的书架多了一些专业外的书籍（朱伶俐）

> 自从遇见您
> 教育变成了五彩斑斓的画卷
> 每一抹色彩都饱含无限热爱（刘璐）

> 自从遇见您
> 我的天地更加开阔
> 我的生活更加丰富
> 我的信念更加坚定
> 我对未来有了更多的期待（罗黄）

自从遇见您

童心挤走了功利

书本替代了手机

后进生的身上也出现了优点

学生对我的依恋成了幸福的源泉（何娟）

自从遇见您

我看到了教育的纯粹

我感受到了教育的快乐

我寻找到了教育的方向

也明白了为什么幸福比优秀更重要

我想对您说

我会一直将校训铭记于心

让人们因我的存在而感到幸福（谭诗语）

……

　　还有一些直接向我表达赞颂的语言，明显把我拔高了，远远超过我本来的样子，但我还是很感动，毕竟每一个字都发自他们内心。

　　谭诗语是我在武侯实验中学执教时的学生，十多年前教她的时候，她还是一个初一的小姑娘。那时我不会想到，多年之后她也成了一名优秀的老师，而且成了李镇西博士工作站的学员，再次成为我的学生。教育，就是这么美好！

　　他们请我表演节目，而且指定我唱《敢问路在何方》。我大大方方走到前面，开始引吭高歌："你挑着担我牵着马，迎来日出送走晚霞……"刚开个头，掌声就响起了。唱完一段，我走到他们中间，一只手持话筒继续唱第二段，另一只手和他们一一握手，俨然如大歌星。大家再次哈哈大笑。唱完后，我说："我们就是一起在教育路上取经的志同道合者！"

令我没想到的是，第四期的学员们真的为我拍了一部微电影，内容是他们眼中的李老师。他们通过几个小问题，方方面面地展示了我在他们心中的形象。比如，在"最怕李老师说什么"这一部分，他们最怕我说什么呢？"你这本书读完没有呀？""逐出师门！"……其实，这些话我并没说过，只是他们担心我这样说。在"最喜欢李老师的一句话"中，有"让人们因我的存在而感到幸福！""我们和他们不一样！""热爱的事儿，哪里需要'坚持'？"……在"印象最深刻的一件事"中，林大琼说"有一段时间李老师发现我很少在群里发言了，便关心地问我是不是遇到什么困难了"，赵雪飞说"我说喜欢李老师拍的月亮，他马上就通过微信发给我月亮的原图"……想到这些微不足道的小事，我都忘记了，他们还记得，可见给人带去温暖是一件多么容易的事。

晚会快结束时，我也对大家说了心里话："刚才老师们对我的许多赞誉，显然是过奖之词，但还是非常感谢你们！前不久，一位我并不认识的老师在网上对我说：'李老师，您对我的影响，并不是您具体地指导了我什么，而是我读您的书和您的公号文章，包括关注您的生活状态，我便默默地跟着您做，不停地实践，不停地思考，不停地阅读，不停地写作……您就是我前方的一束光，我就跟着您走。'我想，这位老师说的，应该是我们每一位教育者应有的状态。李镇西博士工作站的每一位老师都应该做好自己，尽可能做得很完美，虽然我们不可能绝对完美，但这不妨碍我们追求完美。在我们这样追求的时候，我们完全可以影响周围的人，比如办公室的同事，更不用说我们的学生了。总之，我们就是教育的光！"

老师们再次唱起了《答案》——

于是时光里岁月中
每一次相聚
记忆洒满我们灿烂的笑容
于是时光里岁月中

每一次等待我才发现

心灵早已化作思想的帆

原来你就是答案

原来我们是答案

　　虽然第四期的每月一次定期学习已经结束，但成长并没有停止，而且每一个人都是自己成长的导师，因为我们就是"答案"。

2023 年 8 月 15 日

教育让我如此开心

好几年没回乐山了，那里有许多人让我惦记。

2024 年 1 月 5 日上午，我准备乘坐高铁回乐山，结果因北海地震影响线路，高铁大范围延误，我不得已只好开车回去。

抵达乐山已经是中午一点过，赶到和小学同学约定的吃饭地点"嘉州长卷"天街时，大家已经等我很久了。我们在一家麻辣烫吃得很欢。大家都很奇怪："你在忙什么啊？"我说"忙教育"，便给他们讲我和学生的一些事。我说："虽然忙，但这是主动的忙，做我最喜欢做的事，所以我很开心！"大家都很羡慕我退休生活的丰富充实，为我的开心而开心。张和强还当场吟诵了一首他写的诗，表达对教师的敬意。

和老同学吃完午饭，我计划去看望初中班主任陈老师。走到停车场刚上车，一位中年女士走到我的车窗前，问："您是李镇西老师吗？"

我第一反应是，又遇到我的热心读者了，而且多半也是教师。

我微笑着点头："是呀，我是李镇西。"

她激动地说："李老师，我是您的学生啊！"

我既惊讶又迷惑，实在认不出眼前这位女士，便问道："你是？"

"我是高婉琴啊！"她大声说。

"高婉琴"三个字让我无比惊喜："哎呀，是高婉琴啊！这几十年你到哪里去了？我们每次搞同学聚会你都没来，我还多次问同学们有没有你的消息，大家都不知道。"

我说着，情不自禁地下了车，一把拽住她的胳膊，好像生怕她又会消失。

她说："我也一直没有其他同学的联系方式，但我永远忘不了您。当时，每天中午您都到教室里来，让我们双手放在桌子上，头靠在手臂上休息。"她一边说一边比划着模拟。她这一说，我也想起来了。当时就是这样让学生们午休的。

她继续说："然后，您就拿着一本书为我们朗读，现在我都还记得您为我们读《钢铁是怎样炼成的》，每天读一点，全部读完了，又读下一本小说。"

那一刻，我非常感动！几十年来，学生还记得我这些细节。

我很奇怪地问她："快40年了，我们从没见过面，你怎么把我认出来了呢？"

她说："李老师，您一点都没变。我对李老师有着深刻的印象，永远都忘不了。后来，我再没遇到过像您这样的老师了。"

我继续拽着她的胳膊，说："正好今晚我要请你们这个班的同学吃饭，你一定要来啊，一定要来！"

但她说父亲刚刚去世，还有一些后事没办完，无法参加今晚的同学聚会。我表示理解。她说："下次一定参加！请带我问同学们好！"

我俩匆匆告别，但在去见陈老师的路上，我心中一直充盈着说不出的快乐：就这么巧，在这么一个小街上，早一分钟晚一分钟，我和高婉琴可能都会错过，但就这样邂逅了！世界上，还有比这更美妙的邂逅吗？

陈明熙老师是我初中的班主任，教我语文。她当年对我的呵护与教育，被我写进了《成长是最好的奖励》一书。今天，我带着这本书来看陈老师了。

当我的车开到她所居住的小区门口时，她已经拄着拐杖在门口等我了。

我搀扶着陈老师进了小区，乘电梯进了她的家门。陈老师的爱人周老师坐在轮椅上被推了出来。

周老师曾经是我参加工作时的第一位指导老师，我大学毕业分到乐山一中，就是跟着他学习的。但今天看到周老师的身体状况，心里有些难受。

我向周老师问好："周老师好！"他微笑点头。陈老师问他："知道他是谁吗？"周老师想了想，说："老师。"陈老师大声说："是李镇西，李镇西来看你了！"周老师说："哦，李镇西。你好！"

和周老师相比，陈老师除了腿脚不太方便，身体状况很不错，精神矍铄，说话充满激情，思路非常清晰。我问陈老师满80岁没有，她说："我是1940年出生的。"我说："啊，完全看不出来您已经83岁了。"

陈老师和我聊天，聊起当年的初中生活，聊她的历届学生对她的关心，聊她和周老师的日常生活。

我拿出《成长是最好的奖励》送给她。我翻开目录对她说："这是我写您的文章，您看，还配有您的照片。这本书多次印刷，读者都很喜欢呢！"

她不停地说谢谢，说她的学生对她如何如何好，我说："那是因为陈老师您对学生好！"

我对陈老师说："我今天带来了您当初为我批改过的作文本。您看！"我拿出已经发黄的作文本，让陈老师看50多年前写的批语。她说："你真有心啊，保留到现在。"我说："永远感谢陈老师的教诲！"

她引我来到阳台上，说："你看，外面景色多美！远处的乐山大佛都能看见。"

我一看，哇，真是视野开阔。站在阳台上，三江汇流，江中绿洲，远处山峦……天高水阔，尽收眼底。

临别时，陈老师非要送我，我怎么劝也没用。于是，她又拄着拐杖把我送到了小区门口。

告别了陈老师，我和老同事邓碧清相见。我和碧清不仅仅是当年乐山一中的同事，更是情同手足的兄弟！但他的学问尤其是古典文学的功底远在我之上。几十年来，他一直关心我、帮助我，还多次直接介入了我班上的教育活动。他曾写过一本书《巨人肩上的舞蹈——李镇西评传》，由四川大学出版社出版。这次江苏凤凰科技出版社准备出一个修订版。今天，邓碧清就是和我商量这件事的。

我俩在车上聊了一个小时，达成共识：通过教育者李镇西真实的教育成长历程，突出李镇西对充满民主与自由精神的教育追求，也要写出一个教育者热爱生活的浪漫情趣。

晚上，我赶到太和盛世酒店的包间，学生们已经在等我了。这次我是专门回来请学生们吃饭的，他们是我最初教的学生。虽然当时我缺乏智慧，没有技巧，还客观上伤害过一些学生，但我很投入、很真诚、很用心，他们也很尊敬我。几十年来，我们一直保持着联系。

疫情防控期间，我们都没见面。我说："今天，我请大家吃饭，表达我对你们的感谢！"

学生说他们今天"啃老"。我说："我老了吗？"张锐说："老师的'老'。啃老师，简称啃老。"

大家开怀畅谈。王伟拿出他买的我的新书《教育的本色》请我签名，还替一位幼儿园老师带来两本书，请我在《爱心与教育》《叩问教育》上签名。

席间，我走到陈晓蕾面前，说："我给你带了一件文物来，是你当年的学生证，现在物归原主了。"她很惊讶地接过学生证。我开玩笑说："你可以子子孙孙传下去，以后可值钱了！"

我完全忘记了为什么她的学生证会在我这里，总之我保管了几十年，每次看到都会想到我的青春岁月。我一直舍不得还给陈晓蕾，但这次回乐山前，我决定还给她，是她的学生证，由她保管最合适。

当年的陈晓蕾是一个纯真可爱的女孩子，很优秀，曾担任班长。此刻，已经年过 50 岁的她看到学生证上 12 岁的自己，也很激动。

同学们也鼓起掌来，并一个一个轮流传看这件文物。

我说："还有文物呢！我今天去看了我的初中班主任陈老师，带去了她当年给我批改过的作文。你们看！"同学们都很惊讶，纷纷传阅我初二时的作文。

今年是初84届一班，也就是未来班毕业40周年。饭桌上，大家聊起了如何纪念。我说："上次30周年搞得比较复杂，太累，这次就简单一些，吃个饭聚聚就行。"

伍建欢迎大家到他农村的家里搞纪念活动，吃"坝坝宴"。大家都表示赞成，并决定时间就定在2024年6月1日。

伍建说到他乡下的家，我就想起当年他因生活困难想辍学时全班同学纷纷帮助他的情景。我还和几个同学带着全班的捐款去了他的家里。如今，将在当年凝聚着未来班之爱的伍建老家举行毕业40周年的活动，是何等有意义！

我说："你们的名字和故事，通过我的《爱心与教育》已经载入史册，温暖了许多老师的心！"

几十年来，教育就是这样地让我开心！

2024年1月6日写于成都至哈尔滨的航班上

我请学生来"分红"

　　春节前，成都市玉林中学高 95 届一班的学生说想请我吃饭。我说春节前没时间了，我要去克罗地亚旅游，节后再聚吧，我来请大家。

　　时间定在 2024 年 2 月 23 日。群里学生纷纷接龙，可远在新加坡的夏亚卉说她要 24 日才回来。我说，那就延后一天吧！当时，我没有想到那一天是元宵节。

　　于是，便有了 2024 年元宵之夜我和学生美好的聚会。

　　这个班是我带过的最纯真、最浪漫的班级之一。他们是我从乐山调到成都所带的第一批学生。不少学生是我从初中带到高中毕业的，那年的高考，他们考得特别棒。

　　元宵之夜，我们如约来到青羊宫附近的一家川菜馆，包间叫"星空"，特别有情调。我一进去，大家便鼓掌欢呼起来。我一眼便认出了门边的一个女生："这是陈蓉嘛！"大家很是惊讶，因为陈蓉在福州工作，好多年没见了。

　　然后，我一一微笑点头向大家致意（嗯，自我感觉有点儿领导的风度）：夏亚卉、洋阳、梁凤、刘霁云、陈蓓、衡静、刘攀、吴湛、陈蓉、沈扬眉、张剑、陈黎、白宇、王亚宁、黄金涛、王劲、孙任重……

　　这个班的学生大多数是 1977 年和 1978 年出生的，奔五了，但看上去都很年轻。女生美丽、优雅、活泼；男生英俊、稳重，好像有点儿腼腆，不过后来也渐渐放开了。席间回忆当年，大家谈笑风生。刘攀说有一次她们小组被罚做教室清洁卫生，后来她们悄悄地将垃圾就近倒在实验室旁，结果被德育主任抓住，挨了一顿批评。我们听了哈哈大笑。

我一边笑一边想，任何孩子都会有做"坏事"的时候，哪怕是刘攀这样的优秀学生，这样的乖乖女。事发现场，老师当然应该批评，但不必想得那么严重，小孩子就是觉得好玩儿，或者那一刻就是有点懒惰而已。这不妨碍刘攀当时品学兼优，也不影响她后来成为大学教授。所以，对学生的犯错，就事论事地批评便可以了，不必痛心疾首、上纲上线。

这个班当年不仅仅是高考很辉煌，更让我自豪的是，这个班特别好玩儿，开展了大量的活动：去望江楼公园竹林深处捉迷藏，徒步春游，在油菜花地里做"南下风暴"的谍战游戏（我设计的），去银厂沟玩儿且还"夜不归宿"，我们的歌咏比赛和韵律操比赛总是第一名……对了，运动会上的仪仗队员，大部分是我们班的男生女生，因为我的学生总是很帅、很美。

定居新加坡的夏亚卉，专门给大家带回来蛋糕和礼物，一一分送给每一个同学；在福州工作的陈蓉也为每一个人送上礼物。

我说："这次聚会的一些琐事，我全部交给衡静，我只负责买单。本来是你们要请我吃饭，但我想，怎么能老让你们请呢！还是我来请吧！其实，这钱也是你们的，为什么呢？因为你们的故事，让我赚了很多讲课费和稿费，请你们吃饭，等于是让你们来分红！"

大家都笑了。

我这是调侃，但说的也是心里话，正因为我和我的学生一起创作了许多美丽的教育故事，我才能够写那么多的书，我的教育人生才诗意盎然。

当年他们肯定让我操心过，但今天看来，他们个个都那么可爱，没有一个"差生"，甚至没有缺点！每次和我的学生聚会，都会勾起我许多美妙的青春记忆！

所以，我由衷地感谢我的历届学生，你们是我永远的青春！

2024 年 2 月 24 日夜

为什么我的教育诗意盎然，宛如童话？

每年 11 月中旬到 12 月中旬，整个成都大街小巷被金色的银杏叶掩映，可谓"满城尽带黄金甲"。因为有了银杏树，我们便拥有了锦绣成都、璀璨锦江。

成都著名的银杏叶观赏处很多：锦里中路、人民公园、三道街、四道街、文殊院、武侯祠、杜甫草堂、百花潭公园、锦绣巷……每年银杏叶黄了的时候，这些地方都成了热门打卡地，游人如织。

但我认为，这些地方都不是欣赏银杏叶的最佳处。在我心目中，成都银杏叶最美的地方在与锦里中路隔江而望的岸边，紧挨着彩虹桥。因为这一片银杏树是我和我的学生亲手种下的，一排排银杏树埋藏着我和我学生当年的梦想，或者说，如今烈火般熊熊燃烧的银杏叶正是当年我们所创造的美丽童话。

1995 年 9 月，刚刚送走一届高三的我，又接手了一届初一新生。我很多时候是大循环：从初一教到高三。但那届我接手的初一有点特殊，就是我同时承担了两个班的班主任和语文教学工作，学生总数 131 人。为什么要接这两个班？这两个班有什么特点？这些我在许多文章和好几本书中都谈到过，这里不再赘述。总之，我带着这 131 个刚刚小学毕业的、天真烂漫的孩子，开始了我新的教育征程。

那时候，成都市人民政府正在实施治理府南河（即"锦江"）工程。这里简单介绍一下这个工程。锦江曾给成都带来荣耀。但是 20 世纪 60

年代以后，由于人为的因素，水质渐渐变坏，有一首打油诗是这样写的："五十年代淘米洗菜，六十年代水质变坏，七十年代鱼虾绝代，八十年代洗马桶盖。"1986年，龙江路小学的一个小学生给当时的市长写信提出："还我锦江清水。"市政府组织专家进行了五年的论证，于1992年开始实施对锦江两岸的综合治理，计划1997年完工。到了我带这一届初一的时候，整治工程已经进入后期的两岸绿化阶段。

植树的主意是我想出来的。有一次，我经过锦江宾馆外的江边，看到工人们正在植树，就想，我可不可以和学生也在锦江边种一些树，让孩子们为建设美丽成都做点有意义的事呢？而且，在江边种树，不但能给家乡添一片美丽，还会给孩子们的将来留下许多美好的回忆。

这个想法让我有些激动，一旦冒出这个念头，我就抑制不住地想去实现。首先，我想到的是可行性，比如，会允许我们在江边植树吗？如果允许，我又到哪里去找树苗？就算我找到树苗，又种在哪里呢？我想到的是成都市府南河综合整治工程指挥部办公室。现在，我已经忘记是怎么联系上他们的了，也许是通过媒体朋友吧，总之，我联系上一位女同志，现在还记得她姓田，我叫她"田老师"。她听我说了想带着学生植树的打算后，连声说好，并表示尽全力提供支持。

我把我的想法跟孩子们说了，他们都情不自禁鼓起了掌，教室里一片欢腾。大家议论纷纷，还急不可待地问我："什么时候去种？""在哪一段江边种？""种什么树？"……我跟大家说："具体事宜，我正在联系有关部门。但这个树苗可不是白送给我们的，得花钱买。"孩子们都说："我们用自己的零花钱买树苗！"

一棵树苗30元，这在1996年可不是一笔小钱。我跟同学们说，大家自愿捐，捐多少钱我们买多少树苗。同学们你5元、我10元，纷纷把钱交到了生活委员的手里。记得我也捐了50元。

关于学生用零花钱买树苗一事，荣欢同学在她的作文《绿色的童心》中有这样的记载——

自从我们决定用自己的零花钱为府南河植树之后，同学们纷纷行动起来了。买一株树苗需要 30 元钱，对于我这个平时没有零花钱的人来说，谈何容易！于是，我和好友刘肃、邓秀莲，每人凑 10 元合种一棵树。回到家里，我拿出了存钱罐里面可不是一般的钱，那是我小学时期末考试的奖学金，虽只有 5 元，但很珍贵。我一直舍不得花。现在，为了府南河，我把钱全部捐出。还差 5 元又怎么办呢？我发起愁来，细心的小弟问明了原因，立刻从书包里拿出 5 元，递到我的手里："姐姐，这是我的零花钱，我也要献爱心！"

　　第二天，交钱给生活委员时，我得知许多同学也和我一样："倾家荡产"献爱心。陈玉洁同学，为了捐 10 元，把妈妈给她课间买面包的钱节省了下来。万晓同学，得知在府南河边种小树后，毫不犹豫地拿出了自己辛辛苦苦存的压岁钱。还有的同学拿出了本来想着买不干胶、买发卡的钱，甚至还有的同学把买学习用具的钱也献出来了。

　　今天我在写这篇文章时，重读孩子们 25 年前的文字，依然被他们的童心感动了。

　　就这样，在田老师的帮助下——其实，我想应该是府南河工程指挥部统一协调安排，我们买到了 75 棵银杏和女贞两种树苗，工程指挥部还给我们划定了植树地点，就是彩虹桥旁的锦江岸边。于是，1996 年 3 月 25 日下午，我带着初一五班和六班的 131 个孩子，来到了还比较荒凉的江边。

　　同学们戴着红领巾，在江边站成一排，兴奋而严肃。植树前，我们举行了庄严的植树仪式。孩子们在我的指挥下，唱起了管桦作词、郑律成作曲的《绿色的祖国》：

　　　　荒山野岭种植松杉果树
　　　　河边路旁栽下垂柳白杨

给山野挂起红色的帘子

翠绿的幔帐

黄莺叫嘎咕嘎咕

布谷鸟布谷布谷

在这绿色的祖国自由歌唱

……

锦江两岸回荡着孩子们清脆的童音。

然后，初一六班班长马洁同学代表同学们发言——

今天，我们成都玉林中学初一五、六班全体少先队员将做一件很有意义、让我们终生难忘的事——在我们的母亲河府南河边植树。这75棵小树苗，都是同学们用自己的压岁钱、零花钱买的。它们代表了我们一颗颗纯真的童心，一颗颗热爱家乡、建设祖国的责任心。这一片小树林将在我们的精心护理下，长得枝繁叶茂，为我们的母亲河装点一片新绿。它们还是我们播下的理想的种子，是我们班级的象征。小树在成长，我们的班级也在成长，长得更加茁壮，更加美好。今天，我们播下了绿色的希望。今后，我们就要努力去收获金色的未来。

在此，我们倡议全市的中小学生都能到府南河边来，参加植树护绿活动，因为爱祖国要从爱家乡做起，而爱家乡要从自己做起，从爱府南河做起，这是我们能够做到的，献一份爱心，添一片绿荫，是每一位蓉城少先队员义不容辞的责任！

最后，让我们庄严宣誓：为了班级的荣誉，为了学校的尊严，为了成都灿烂的明天，为了祖国辉煌的21世纪，我们将永葆一颗童心，倾注满腔忠诚，贡献全部才智！时刻准备着，为创造美好未来而努力奋斗！

宣誓的时候，每一个同学都庄严地举起了右拳。

陈玉洁同学的父亲作为家长代表也讲了话，他勉励同学们像小树一样茁壮成长，今天努力学习，明天成为祖国的栋梁之材。

一位师傅给同学们讲植树的操作步骤和养树的技术。同学们都听得非常认真，因为他们不但今天要负责把树种好，而且以后还要负责小树的养护。

最后，府南河工程指挥部的一位领导讲话，向同学们表示感谢，说："你们开了一个好头，通过你们的行动，将唤起更多的中小学生来爱护我们成都市的母亲河。"

仪式结束后，同学们就开始植树。我将两种树苗分配了一下，一部分同学挨着彩虹桥的岸边种银杏树，在银杏树的旁边种女贞树。两种树苗的总数是75棵，银杏树大概占五分之三，其余是女贞树。因为不能保证每一个同学都有一棵树苗，有的同学便合种一棵树。

树坑是先划定好了位置，也稍微有一点浅坑，作为植树点的标志，但真正要把树苗种牢，同学们还得挖一挖。每一个同学都干得非常认真，热情高涨。

吴镝同学后来在作文中这样写道——

李老师整好队，开始分配树。一会儿，所有同学都得到了自己所管理的树木。分配完后，同学们就迫不及待地对自己的树木培土、浇水，一干就是好半天。旁边工地有一个水缸，不到五分钟，水就被同学们舀干了。怎么办？幸好工地上有一个自来水管。这水管好像是为我们准备的一样，正好应急。接水的同学一个挨一个，排成了一条长龙。

我、王晨、陈曦是一组。我负责提水和借东西，他们俩负责培土和浇水。我把水提过来以后，王晨就把水倒在土中，再用铲子培土，干得十分认真。陈曦还去工地附近捡了一些鹅卵石，在树旁用石头围了一个圈。其他组也干得热火朝天，人多的组帮助人少的组，有工具的组帮助没工具的组。

就这样，一棵棵小树苗就种在了锦江边，同时也种下了我们的梦想。我当时还跟同学们开玩笑："再过二十年，你们可以带着你们的孩子来这里散步，自豪地告诉他，这是你爸爸（妈妈）当年种下的树！再过七八十年，你们还可以带着你们的小孙子来这里散步，颤巍巍地说，这是你爷爷（奶奶）当年种的树啊，现在都长这么高了！"我还没说完大家都哈哈大笑。

我带着当时还在读三年级的女儿也种下一棵银杏树。

但我们的行动不仅仅是那一天的植树，还包括以后一段时间时不时去江边给小树浇水。后来不需要浇水了，同学们还经常去护树。最开始是一两周去一次，之后是一两个月去一次。总之，江边小银杏树成了孩子们心中的一份牵挂。

但毕竟不可能每天随时守着小树。有一天，孩子们又到江边看小树的生长情况，却发现有几棵长在路边的小树被人为损坏了：有的枝条被折断，有的叶子被刮掉，还有个别小树被拔起……同学们非常气愤，于是他们拿起笔，写下关于保护小树的呼吁书投寄给报社，后来《成都商报》发表了孩子们的呼吁书。

在这一过程中，孩子们所感受到的就是一种责任——为城市创造一片绿地，为保护环境尽一份责任。

时间在推移，孩子们毕业了，上大学了，参加工作了，结婚了，有自己的孩子了……我呢，后来读博士、当校长，然后又当班主任、退休……慢慢地，我和孩子们都不常联系，也不常去看我们种的银杏树和女贞树了。但每次经过那里，看着已成茂密树林的银杏树和女贞树，我的心就会回到1996年的春天。

几年前的11月下旬，我又经过彩虹桥，眼前一下亮了起来——一片银杏树如同一只只巨大的火炬，正在熊熊燃烧。我赶紧走到江边树下，哇，岸上铺着金色的地毯。我拍了几张照片发到微信朋友圈，当年和我一起种树的孩子们看到都惊叹了，并欢呼起来——他们已经为人父母。他们说："李老师，我常常带着孩子到这里散步，告诉孩子，这是妈妈当年和李老师一起种的树！""李老师，一想到我小时候曾经为这座城市种下一片美丽的风景，就特别自豪。"……

从那年开始，每年银杏叶燃烧的季节，我都会来到这里打卡。每次我都要拍几张照片发在朋友圈里。

昨天看天气预报得知今天是晴天，于是，我七点过出门，从九眼桥步行五公里来到彩虹桥。正是太阳初升的时候，银杏叶格外通透明亮。来来往往的行人中，有的忍不住停下掏出手机拍照，或自拍。我当然也拿出相机拍了照片，发给同学们，他们也兴奋不已，纷纷在微信群里发表感慨。

当年六班的班长马洁同学，现在在国家知识产权局专利审查协作四川中心工作。她说："一晃快 25 年过去了，当年的小树今已亭亭如盖矣，每到深秋都是府南河边一道美丽的风景线。当年种树的少年也都逐渐步入中年，经历了求学、立业、成家、养育子女，每日在自己的天地里奔波，很是让人感慨。这片银杏林是我们青春的回忆，是我们与这座城市专属的记忆。那时真没想到，那些树现在这么茂盛、这么美，有好多感受真的是要过了好多年以后才体会得出来。感谢李老师，25 年前在我们心中种下的关于爱的种子，至今仍然温暖和滋润着我们的心灵。"

当年五班的班长戢实同学，现在是成都一个著名火锅品牌"生如夏花"的创始人。他说："要说欣赏成都银杏风景最美也最知名的地方之一，那一定有位于锦里中路锦江两侧的冬日风光了。对于我来说，这里还有着特别的意义，那是 1996 年的春天，李老师带领着我们两个班 130 多个同学，一起在这里种下了银杏树苗。而当时我们虽然有憧憬，但并没有想过在多年后它们会长得这么好，并成为成都冬日的一张名片。每年看到无数人在朋友圈或是各大 App 上晒着成都银杏的美，我的心里就十分温暖，我也为这份美有所贡献啊！虽然这美景每年就只有短暂的个把月，但每年都会出现，即便当年种下银杏的人已不在成都，或是很多年后不在这个世界了，我相信这美景依然都会以最美的姿态如期而至，让无数人爱上它，爱上成都这座美丽而又有活力的城市。这，真让我的内心无比温暖。"

当年班上的体育健将郑姝同学，现在是成都一所中学的英语教师和班主任。她说："每次走过彩虹桥那里的时候总会绕道去看看银杏树，我跟我先生说那片树是我们自己亲手种的，当年还是小树苗，现在都长成参天大树了，他说我们好浪漫哟。当时种树的时候就在想几十年后我会在哪里，会干什么呢。我一直以为我会成为运动员，这是我当年的梦想，没想到竟然当了老师，而且还教英语，我以前所有的同学都以为我是体育老师。再回来看这片树的时候肯定好有意义。真正长大了后再去看充满感慨，感叹时光流逝，感叹自己当年的梦想虽然没有实现，但现在也很满足和幸福，因为我现在也有一群我爱和爱我的学生。"

吴镝同学现在是一名飞行员，他说："城市越来越大，以前经常活动的场所，现在已经很少去了。不过在仅有的几次路过府南河的时候，我都会给家人、朋友介绍，在成都的彩虹桥旁边，有我种的树，有我青春的回忆，有我在成都生活过的证明。那会儿种下的不仅仅有银杏，还有女贞。银杏高贵，女贞朴实，它们都成为城市的一道风景线。在李老师的教育理念中，无论学生是优秀还是平凡，都是一道风景线，就看教育者如何灌溉、施肥、培育，就如同我们对待这些树木，没有当年的播种，哪有今天的参天大树？十年树木，百年树人。李老师带着我们留在府南河边的，有通往过往的回忆，还有走向未来的财富。"

……

从某种意义上说，所谓"教育"，就是种下梦想，收获童话。这个梦想，就是远大的理想；这个童话，就是幸福的人生。

15年前，我第一次去新加坡讲学时，一位新加坡华人教师问我："读您的书，感觉您的教育生活就像电视剧一般充满故事。为什么您的教育这么富有诗意，像童话一般？"这个问题，国内也有不少老师问过我。

我的回答总是很简单："因为我心中充满诗意，我的教育就会有诗意；我追求童话一般的教育，我的教育必然会有童话出现。"

不是说我就没有遇到过困难，更不是说我没有面临过挫折，但超越了困难的教育才富有更具内涵的诗意，战胜了挫折的生活才配拥有童话般的人生。

时间的河流不停地缓缓流淌，我和我学生的人生还将继续向前推进，而 25 年前我们一起种下的银杏树和女贞树，还将日复一日，年复一年地继续绽放着自己的生命，给我们所在的这座城市以永远的美丽，也给我们的记忆以永远的青春。

2021 年 11 月 24 日

空中奇缘

今天，我应邀去徐州讲学。

刚刚登机进舱坐好，走过来一个小伙子，我估计是空乘。他虽然戴着口罩，但眉宇之间英俊依然。

他递给我一瓶水，开口便让我感到惊讶："李校长，您好！"

我听惯了飞机上的空姐叫我"李先生"，而一旦叫我"李校长"或"李老师"，那十有八九是我的学生。

我脱口而问："你是武侯实验中学的学生？"

"是的。"他说，"我是大地震后的第二年毕业的。"

我一算，说："那你是 2006 年 9 月进校，2009 年 7 月毕业的。你进武侯实验中学读初一时，我刚好到武侯实验中学任校长，我俩是同时进入武侯实验中学的。"

他说："是的，您还给我们班上过课的。"

我在武侯实验中学任校长九年，每一个班都去上过课的。

我问他："你是空乘？"

他说："做空保。"

飞机即将起飞，不便多聊。他回到了他的座位上。

我浮想联翩，思绪回到了当年在武侯实验中学的日子。

快着陆了，他又过来说："李校长，我和您拍张照片吧！不然一会儿着陆，您就下飞机了。"

于是，我来到前舱，请空姐为我俩拍了合影。

然后，他请我坐下，我们简单聊了起来。

他说他当年读初中时很叛逆，有时候还不服老师的管教，顶撞老师。总之，是让老师和家长头疼的淘气孩子。初中毕业后，他没有读普通高中，而选择了读航空职高，毕业后，又当了两年兵，退伍回来后到了川航，先是做空乘，后来改做空保。

我问他："对我来说空保一直很神秘。你们是不是专门对付劫机分子的？如果没有人劫机或捣乱，就没什么事做？"

他笑了，显然觉得我的理解不对，说："那种概率非常小，我没遇到过，但是飞机上的所有安全，无论大事小事，都归我负责。"

可我实在想不出，除了"劫机"，飞机上还有什么涉及安全的"大事小事"。

他说："比如有一次，一位女乘客胸前戴着一条项链，这个项链是违规的，我就必须和她说不能戴……"

回忆起当年的学校生活，他十分感激老师对他的严格要求。他特别谈到班主任、数学老师唐朝霞老师，唐老师身体不好，却对他既严格又关心，还有语文鲁老师和英语陈老师，等等。特别是体育熊得全老师和李开封老师，他也很感激。因为他当时特别喜欢体育，经常参加训练，所以对体育老师印象特别深。

他说："我多次回学校，如今我们班的学生个个都有出息，都很牛！"

这当然也包括他自己。

武侯实验中学地处三环路以外的城乡接合部，是一所涉农学校，学生大多来自失地农民和进城务工人员的家庭，相对处于弱势。但我和老师们用爱心尽可能关怀每一个孩子，不因他们表现淘气、成绩糟糕而放弃对他们的关爱。

我说："我最近写了一套书，书名叫《教育的100种可能》，写了36个学生几十年的人生，其中也有武侯实验中学的学生。你和你同学的故事，再次证明，每一个学生的未来的确有 100 种可能！"

飞机着陆了。他帮我取下行李，说："李校长，以后我们回成都有机会再见。"

我说："你叫什么名字？"

他笑了："聊了半天，忘告诉您了。"他给我出示胸前的工作牌，上面写着"吴鹏程"。

我说："你果真鹏程万里啊！"

下了飞机，我把我和吴鹏程的合影发到微信朋友圈，大家纷纷点赞。许多朋友说："李老师真是桃李满天下啊！"

我纠正说："不，桃李满天上！"

2021 年 4 月 7 日在从徐州机场去市区的高速公路上追记

我相信您也有这样的故事

昨晚，一群27年前我教过的学生请我吃饭。这次聚会有一点"特殊"，就是来的主要是女生，只有一个男生。

男生是当年的班长之一戴实（我带班时，班委都不搞"终身制"，而是任期制，最长任期为一年，所以每个班都有好几位班长），他是拙著《教育的100种可能》中的主人公之一。

他经营着"生如夏花泰式火锅"店，这是成都著名的火锅品牌，不但在成都市内有若干分店，而且在重庆、西安、武汉等地都有分店——我毫不避讳这里顺便给我的学生做广告。作为老总，他组织了这次聚会，地点就在生如夏花泰式火锅万象城店。

有两位是毕业后我就再也没见过的，但昨晚一见，我就认出来了。这群女生当年都非常乖，其中有两位也担任过班长。

毕竟当年的小姑娘已经奔四了，今年大多38岁，所以与当年的模样相比不可能没有变化。然而变化最大的是，她们都更加漂亮了！所以我戏言："你们是女大三十八变啊！"

大家一边吃一边聊，她们快乐地聊着当年的事，叽叽喳喳，嘻嘻哈哈。包括聊当年哪个男生又喜欢哪个女生了，哪个女生又暗恋哪个男生了。其实有的情况当年我也有所觉察，只是不如她们现在说得那么具体，不过我当时却睁只眼闭只眼。我的想法是，青春觉醒的重要标志之一，就是对异性的爱慕。只要不过分，或者说不那么"明目张胆"，我就装作不知道，让少男少女们为将来的人生留点温馨的记忆吧！

这些已经当了妈妈的"孩子"——在我面前，她们当然还是孩子，还聊起了彼此的育儿体会，话题琐碎而极为生活化："你家老大淘气些，还是老二淘气些？""你在两个孩子之间，有没有感情上的偏向？"……还讨论孩子教育问题。一边聊，一边"抱怨"，口口声声说那个"烦"啊，其实母亲的幸福全写在脸上。

当然，也聊到当年李老师对她们的教育。有些事我已经忘了，可她们还记得。比如，她们说起当年我班的无监督考试。"我孩子班上许多同学考试作弊，孩子居然不觉得有什么不对。我就告诉他，当年妈妈读书的时候，李老师教我们那会儿，考试都没监考老师的。李老师要我们自己战胜自己。""第一次我也忍不住作弊了，毕竟没有老师嘛。后来李老师在班上搞了一次班会课，跟我们谈心。那次以后，我就再没有作过弊。"……

大家都说："那次印象太深了，我们都明白了做人第一。李老师这点上影响了我们后来的人生。"

20多年过去了，她们还记得我的话，我无法不感动。

结束后，两位女生送我回家。路上，她们还谈到我对她们语文学习的影响，甚至还记得当年我要他们订《咬文嚼字》："哎呀，那本小册子对我语文能力的提高，作用太大了！"

一个对老师拥有这么多温馨记忆的学生，是快乐的；一个被学生记住几十年的老师，是幸福的。

其实，我多次说过，教书几十年，并不是每一个学生都喜欢我，肯定也有学生至今对我有意见；而我，也的确对某些学生至今心存愧疚。然而，退休已经好多年，时常有学生来看我，请我吃饭，对我来说，这是至高无上的荣誉！

2022 年 6 月 3 日

永远感谢《教育者》

我现在已经退休四年，出版著作 80 多部，在旁人看来，似乎"著作等身"。如果时间倒退 40 年，大学毕业的我无论如何也不会想到，将来的我会出版这么多的书。

然而，回望我几十年的教育写作之路，最初的脚印却是烙在《教育者》上。

1985 年 5 月的一天，我走进教室准备上语文课，值日生喊了"起立"后，学生们没有像往常一样齐呼"老师好"，而是高喊"祝李老师生日快乐"，然后他们纷纷走上讲台给我送礼物：钢笔、笔记本、书签、贺卡……学生们以"突然袭击"的方式为我祝贺生日，让我无比感动。

几天后，《教育者》的编辑廖学良兄来我办公室看我。我一直非常敬重学良兄，在我从教之初，曾给我许多鼓励。聊天中，我自然和他谈起学生给我祝贺生日的事，他也很感动，并建议我写篇文章发给他。后来发表于《教育者》1985 年第 4 期的《生日》，便是我最早发表的教育文章之一。

20 世纪 80 年代，学术思想极为活跃，"万类霜天竞自由"。受那个时代的感染与影响，从教之初的我，也对教育进行了一些思考，并将这些思考诉诸笔端。

当时，已经开始有了"社会主义商品经济"的提法，并在实践中有所体现。于是，圣洁高雅的校园内开始出现了不甚"圣洁高雅"的现象：教师罢教创收，学生弃学经商……更令不少教育者不安的是，神圣的德育也开始崩溃——一些过去一直行之有效的德育方法正受到嘲笑，一些过去曾激动过千百万人心灵的英雄形象正受到揶揄，过去一直为社会所提倡、所歌颂，也被每一个人引此为自豪的道德观念、思想意识，正被击得粉碎……

教师迷茫，学生惶惑。"发展商品经济好是好，可就是把人们的思想搞乱了！"许多教育者为此真诚地为我们社会主义国家的德育前途忧心忡忡。一方面，他们由衷地欢迎经济改革，并接受着商品经济的发展带来的物质实惠；另一方面，他们又把当前确实存在的德育危机的根源归咎于商品经济的发展，并越来越强烈地怀念五六十年代的学校德育。

如何看待并正视这种现象？我写下《正视历史的进步》一文，旗帜鲜明地指出："历史前进的步伐是不会顾及人们的脸色、情绪和心理承受力的，不管我们在感情上怎样难以适应社会的种种嬗变，我们都必须尽早清醒地意识到，道德是经济基础的反映，而非脱离历史发展的抽象观念。正如我们以前的经济发展主观地超越了历史阶段一样，我们的精神建设也同样违背了历史发展规律而企图一步登天。随着社会主义初级阶段理论的提出和社会主义商品经济的发展，历史在总体上否定旧的经济模式的同时，也在总体上宣判了与之适应的旧教育模式的死刑，并呼唤着新的教育模式的诞生。因此，目前呈现出的德育崩溃的危机，是德育新生的转机；商品经济对德育的'冲击波'，恰恰又是催动新的德育格局诞生的推动力。这绝不是历史的倒退，而是历史真正的进步。"

然后，我从三个方面，谈了社会主义商品经济对教育的积极意义：第一，从教育目的来看，有助于培养出个性鲜明、富于进取的一代新人。第二，从教育内容来看，商品经济意识充实、更新了我们的德育观念。第三，从德育方向来看，商品经济的积极影响与社会主义精神文明的建设是统一的。

这篇文章后来发表在《教育者》1988年第3期上，引起了不小的反响。我这里说的"反响"包括了不同意见，甚至一些粗暴的指责。但无论如何，《教育者》能够发表我这篇可能会有争议的文章，我是非常感谢编辑老师的胸襟的。

随着思考的深入，我越来越觉得我们的德育是有问题的，德育必须随着时代的进步而不断改进。我写下了《德育的困惑》一文，提出了德育的十大问题：第一，德育目标：是培养膜拜师长、迷信权威的守旧者，还是造就崇尚真理、勇于开拓的创造者？第二，德育内容：是唯上唯书，还是面对实际？第三，德育教师：是学生保姆、班级警察，还是"人类灵魂的工程师"？第四，德育情感：是长官，还是朋友？第五，德育艺术：是"泥塑"，还是"根雕"？第六，德育方法：是以灌输为主，还是以引导为主？第七，德育过程：是虚假，还是真诚？第八，德育环境：是封闭，还是开放？第九，德育管理：是"人治"，还是"法治"？第十，德育评价：是片面测估，还是科学衡量？

在文章结尾，我这样写道："我们每一位有责任心和使命感的德育工作者，都应该在这方面不懈探索、不断创新，以无愧于21世纪那属于社会主义现代化中国的伟大时代！"

文章写好后，我马上投给《教育者》，1989年第1期全文发表了我这篇文章。

我在《教育者》上先后发表了十多篇文章，上面所发的都是我印象比较深刻的文章。整个80年代，或者说我在乐山一中工作的九年中，我的每一次重要的教育思考，都在《教育者》上留下了印记。

当年《教育者》的编辑老师们也许只是想给一位年轻教师以鼓励，但他们可能没想到，这份鼓励却给了初出茅庐的我以教育思考的胆量和教育探索的勇气。于是，承载我教育思考与教育探索的文字走向了《中国青年报》，走向了《光明日报》，走向了《中国教育报》，走向了《人民教育》……后来，这些文字又汇成《爱心与教育》《走进心灵》《教育的100种可能》等80余部著作，其中有的书还获得了"五个一工程"奖、中国图书奖、冰心图书奖，给我带来了巨大的荣誉。

饮水思源，这一切我都可以追溯到当年的《教育者》，即后来的《乐山教育》。

　　时间过得真快，我现在已经退休了，但在我的心中，永远会有《教育者》温馨的记忆。

　　永远感谢《教育者》！

2022 年 7 月 18 日于宜昌

我的初心一尘不染

今天是母校四川师范大学75周年校庆日，但学校没有搞校庆活动，只以成立校友会的名义搞了一个简朴而有意义的活动。我荣幸地受邀参加。

我提前来到学校。虽然毕业39年来，我无数次回到四川师大，但每一次踏进母校校园，都感到无比亲切。

中心花园葱翠，只是当年的语录牌"忠诚党的教育事业"改成了孔子雕像。教学楼依旧，当年上课的二楼教室窗户紧闭；我想上楼看看，却被告知是"危楼"。楼下的喷水池还在，一点变化都没有。记得当年第一次见到这喷水池时，我恍惚觉得自己到了电影《列宁在十月》里的欧洲。我当年的红砖宿舍楼已不复存在，取而代之的是一片葱茏的花园。大操场还在，也没有变化，变化了的是奔跑的人，他们应该是我毕业后来到这个世界的年轻人。

在学校宣传栏所列的"优秀校友"里，我看到了我的照片。我不讳言我的自豪，毕竟我没有为母校丢脸。

但走过文学院，看到橱窗里的学院介绍文字中居然把我作为"培养成就"列在第一位，我很惊讶，也很感动，但更多的是不安，因为当年教我的苟建丽老师无论如何不能排在我后面，还有著名作家裘山山，以及几位党政领导和专家，他们的贡献绝对在我之上。于是，我赶紧给文学院书记发了一条短信，说明了我的不安，并希望以后文学院能够把这个不妥的排序改正。

校友会成立大会在学术报告厅举行。这是 1982 年 1 月我毕业前夕落成的，当时我心里很不平衡，这么豪华气派的建筑我却不能享受了，于是特意坐在报告厅后门外的栏杆上和同学一起拍照纪念。今天，我又在原位拍了一张照片，只是我再也坐不上栏杆了，因为 39 年过去了。

虽然不是校庆活动，但一进入学术厅，还是有一种节日的气氛。

大会于上午九点准时开始，由张海东副校长主持。先是由校党委书记李向成致辞，接着是四川省教育厅领导为四川师大校友会授牌，然后是郭朝晖副校长为四川师大校友会主要负责人颁发聘书，我非常荣幸地作为副会长接过了聘书。在校友们捐款仪式结束后，三位校友分别代表 1968 届校友、1981 届（1977 级）校友和 2010 届校友发言。

我作为 1981 届校友，特别荣幸地走上了发言席。

当初得到请我发言的通知时，我犹豫过，只有 5 分钟，讲什么呢？想来想去，就讲几张老照片的故事吧！所以我提供的 PPT 只有几张老照片，几乎没有文字，也没有题目。但我有信心讲好。

下面是我根据回忆记录的现场发言——

老师们，大家好！在我看来，今天这里没有领导，没有专家，没有老总，只有老师。

下面就坐着我的两位老师。杨伯安老师可能记不得我了，但我记得你当年给我们上公共课，记得是政治经济学。（白发苍苍的杨老师在下面向我招手，说："记得记得，你那么有名气。"）还有唐志成老师，当年就是你接我到学校的。（同样白发苍苍的唐老师对我点头微笑。）我特别感谢母校还记得我，请我回来参加这次活动。

比起刚才校友为母校捐赠 100 万、200 万，我有些惭愧，因为我教了一辈子书，没有那么多钱捐给母校。（全场大笑）不过呢，我希望并恳请母校允许我捐几本我写的小书，因为这些小书记载着我毕业近 40 年的教育经历。今天呢，我没有钱给学校，但是我带着一颗一尘不染的教育初心来了。我今天就给大家汇报一下我 39 年来的经历。有老师可能会说，哟，汇报 39 年的经历，得花多少时间啊！不会的，不会的，就几张照片而已。

（我打出第一张 PPT，是一张黑白照片，照片上，是我正在教室里看书的背影。）

这人就是当年的我，大家猜猜，这是在什么地方拍的照片？

（下面开始议论。在一片嗡嗡声中，我听见有人说："是第一教学楼。"）

不是，不是。告诉大家，我就是在这个报告厅拍的，具体位置是后门附近那个座位，现在我的朋友彭韬正坐在那个位子上。彭韬老师，请你站起来，大家好看看位置。（彭韬站了起来。全场又是一阵嗡嗡的议论声。）

拍摄的时间是 1981 年 12 月，我毕业的前夕。为什么想到这里来拍照片呢？因为当时这座报告厅刚刚建成，是学校最豪华的建筑，我和同学们觉得很吃亏，这么好的报告厅我们却不能享用了。于是，毕业前我和同学们来到这里拍照，我专门拿着一本厚厚的《辞海》坐在那个位子上，装模作样地在书上勾画，一副很有学问的样子。（会场大笑）

然后，我们几个同学还在后门外面拍了一张照片，当时我还调皮地坐在铁栏杆上，在旁边女同学的头上作挥拳状。（我打出第二张照片，又引起全场大笑。）刚才，我又站在原位拍了一张，本想也坐到栏杆上去挥拳，但那份青春的气息是装不出来的。一个年龄段有一个主题，我还是尊重现在吧！

这是我毕业前夕的情况。那么四年前，我刚进校的时候，是怎样的形象呢？（我打出一张照片）是这样的，当年 19 岁。这是来自我学生证上的照片。大家看（我打出我的学生证照片），上面写着："姓名：李镇西；籍贯：仁寿；年龄：19；系别：中文；年级：77……"

四年后，他站在学校大门前，拍了这么一张照片。大家看（我又打出一张照片），他的背后就是当年"四川师范学院"的校牌。

大家注意看，这木制校牌的边沿是不是有几个小缺口？对，这是当年我留下的。这背后有一段故事。简单说，当年中国足球队反败为胜赢了科威特队，整个川师沸腾了，成都所有高校都沸腾了。我和同学们欢呼着向城里涌去，走过校门口，我想，我们川师总得有一个标志嘛！于是我和同学喻钢便顺手取下这块沉重的木牌，扛着前行。到了九眼桥和各高校学生会合。闹到凌晨一点过，我们才往回赶，回来时累得不行，实在扛不动了，我便将这木牌拖在地上，一路拖回来，悄悄挂在校门口。后来一直不敢说。今天，我向母校承认，这事儿是我干的。（全场爆笑）

毕业了，我以这样一副"嘴脸"（我打出一张我的黑白肖像照）踏上了中学语文讲台，至今39年。

这是我带的第一个班的毕业照。就从这个班开始，我和历届学生一起编织我的教育童话。当然，在这个班，和我一起编织童话的，还有著名作曲家谷建芬老师。当年，正是她，给我这个刚刚工作不久的小伙子谱写了班歌的曲子。这首歌一唱就是39年！

几年前的一次聚会上，这个班的学生对我说："李老师，我们是你教的第一个班，那么我们就是你的初恋！"他们是在调侃，我却非常认真地说："是的，你们就是我的初恋。我是通过你们爱上教育的。你们有多可爱，教育就有多美丽！我要自豪地告诉大家，李老师从没改变过初心，当年一旦恋上教育，我就从一而终，终生不变！"（全场报以热烈的掌声）然后我说："我只是感慨时间过得太快，当年我给你们上第一节课的情景我都还记得，我上的是白居易的《卖炭翁》，你们才十一二岁，而现在你们已经50多岁了，我呢，明年就退休了。"有同学说："既然您明年就要退休了，那能不能在退休前再为我们上一课？"这个建议，一下把我的心点亮了！是啊，这是多么美好而浪漫的事啊！我第一次给他们上课时，他们正值天真烂漫的年纪，而我也风华正茂，如今他们已经年过半百，我也即将退休，但我们可以一起回到青春时代！

（我打出我上最后一课的照片，全场响起了热烈的掌声。）

这是我最后一课的情景。小小的教室里挤满了听课的学生，还有一些学生的爸爸妈妈和孩子，许多学生是一家三代来听我的课。来得最远的，是前排这位穿浅蓝色旗袍的女生，她来自德国。她在德国一所大学教书，专程回国来听我的最后一课。

我给他们讲了一篇我曾给他们讲过的课文，目的是让大家和我一起回到当年的情景。我带去了我保留的"文物"，有我用过的第一本教材，我给他们朗读过的第一本长篇小说《青春万岁》，我的工作笔记，他们给我的贺卡、信件，还有许多老照片……

（我又打出一张照片）大家看，下面的学生已经不再年轻，可是他们的眼睛依然那么专注地凝视着我。50多岁的眼睛里，却依然闪烁着15岁的光芒。教书几十年，每当我在讲台上一站，下面就是这样一双双亮晶晶的眼睛。这就是我的星辰大海！（掌声热烈）

在最后一课上，学生们还搞了一个实况直播的二维码。于是，美国、加拿大、德国、澳大利亚、新加坡、新西兰……世界各地的学生都可以实况观看。有的学生看着看着，忍不住打电话过来。（我打出一张我正在和国外学生通话的照片）那一刻，我很激动，远在天边的学生瞬间就近在咫尺，而我的课堂一下子便延伸到了整个世界！请问，世界上有这样辽阔而壮观的课堂吗？有，就在我这里！（全场热烈鼓掌）

（我打出一张我和学生在野外斗鸡的照片）我曾经说过："不必用堆叠的荣誉来证明教师的成功，教师的光荣就刻在历届学生的记忆中！"今天，在母校校庆之际，我稍微改改这句话："不必用堆叠的荣誉来证明世俗的'成功'，母校的光荣就刻在历届学生的记忆中！"（掌声响起）

（我再打出一张照片）这是当年的我，这是现在的我，中间一段空白，就是近 40 年的成长。我用什么来标志这段岁月呢？我用我的 80 多本著作填补这段岁月，因为这些书中有我的教育故事、我的教育探索、我的教育教训，当然也包括我的教育成果……

（我打出最后一张照片）是的，我的初心一尘不染。2012 年，在北京关于我从教 30 周年的研讨会上，我说过这么一句话："用一生的时间和实践擦亮纯真的教育！"

谢谢大家！（会场报以长时间的热烈掌声）

我抱歉地对校友会秘书长李爽说："不好意思，超过 5 分钟了。"

她说："超得好！"

回到座位时，唐志成老师握着我的手说："讲得好，讲得好！"

下来后，许多校友和我握手："讲得太好了！"

我说"我的初心一尘不染"是无愧于心的，我知道母校毕业的绝大多数学生都是如此。比如今天坐在下面的黄瑞莉老师，已经退休，却带着一身伤病赴马边彝族自治县支教；又比如同样坐在下面的彭韬老师，长期在基层教书育人，成绩显著。还有许多我不认识的校友，从参加工作第一天直到退休都默默无闻地坚守讲台，初心不改。只是他们没有我这样的机会来讲述罢了，或者说他们没有像我一样写那么多书而已。广而言之，全国千千万万的老师们，他们的初心也一尘不染，包括"镇西茶馆"的关注者们，在那么繁忙的工作之余，还要关注我每天的文章，不就是因为我们都有一颗一尘不染的教育心吗？

散会后，四川师大党委书记李向成先生握着我的手说："我向你表示敬意！加个微信吧！"我说："母校需要我，学生理当效力。"

这是我对母校的心里话，但其实细想，我一介书生能够做什么呢？

我唯有一颗初心。但我真心愿意给更多的师范生讲讲我的这颗一尘不染的初心。

2021 年 5 月 16 日下午追记

什么是生命最好的呈现方式？

病中十日。有所悟，特记。

一

因为要做手术，女儿要求守在病房做陪护，我没同意。

请了一位长期在医院做护理的大姐，帮我翻身、擦背、洗脸，甚至端便盆，每一件事她都做得非常到位。当时我就想，如果女儿在，是不可能做得这么细致、规范的。

仅仅有爱是不够的，还要专业。

对服务业来说，"爱"似乎还不是第一位的——病房的护理工，怎么可能对所护理的病人有感情呢？但责任心和专业是必须具备的。

作为服务业的教育，教师也是如此，可以暂时不爱孩子，但必须有责任心，而且专业。

二

说到专业，我们容易想到高精尖技术，如"高级医师""特级教师""八级钳工""美容师""甜点师"……

但其实，只要是职业而不是业余爱好，都有专业的含量。

比如上面我提到的翻身、擦背、洗脸，甚至端便盆……每一项，看似小事，但都涉及"专业"——合理的步骤、规范的动作、准确的手法、适中的力度，一切都恰到好处。

我教语文可能让学生着迷，当班主任可能是一把好手，但让我来做护工，完全搞不定。

真的不能看轻任何一个行业。以前说"三百六十行，行行出状元"，至今有道理。

因为够专业，所以有尊严。

三

本来想找一个男陪护，觉得方便一些，但陪护公司经理说最近只有女陪护，只好将就了。

我的陪护只有 40 多岁，但我依然叫她"大姐"。聊天中，她说她来自农村，在这里做陪护已经 17 年。

疫情防控期间，医院管理特别严格，病房只能有一个陪护，其他任何人都不能进病房，包括至亲。

刚开始不习惯，也不好意思。和一个陌生异性同处一室，已经很尴尬，还要被她无微不至地照顾。尤其是手术后被推回病房，身上插满各种管子，一切都要她伺候，而且巨细无遗。

我实在不想麻烦她，但自己却力不从心，有一种无力感。每次我都要对她说："谢谢你啊！"她都说："这是我的工作。"敬意油然而生。

我不认为我花了钱，她为我服务就是"理所当然"的。虽然说到底，她和我的确是一种服务与被服务的契约关系。但只要是服务，就涉及人与人的关系，而人与人除了冷冰冰的金钱交易，还应该有人的互相温暖和彼此尊重。

出院时，除了与她的公司结账（她是去公司领取工资），我还专门给了她一点小费。这不是报酬，而是表达我的感谢。虽然这种方式很俗，但我也只能这样。

所有通过自己劳动和劳动技能获得报酬的人，无论其职业多么普通，比如修鞋匠、理发师傅、快递小哥、贴手机膜的小伙子……他们都应该受到尊重。

四

给我主刀的大夫廖洪是一位著名的医生，可以说是所在领域的专家了。但我只在门诊时见过他，他给我开了入院证，就再没见过他。作为医术精湛的杰出医生，他在给我做手术时，我处于全麻状态，其实对他一无所知。

但我住院十来天里，见过太多不一定"著名""杰出"的人为我服务。

做心电图、脑电图、彩超、CT、验血……这些科室的医护人员，我都叫不出他们的名字。那天，当一个小伙子（我不知道怎么称呼他）把我推进手术室时，我见到了那么多年轻的医护人员，有的帮我脱衣服，有的帮我量血压，有的帮我测体温，有的帮我往身上安上这个那个，还有一个姑娘拿着一个类似罩杯的东西扣在我的鼻子上，我好奇地问："这是做什么的？"她严肃地说："你不用知道那么多。"

我静静地躺在手术台上，可满屋子的人都在忙碌，时不时有人问我："叫什么名字？""李镇西。"我赶紧回答。如是者若干次。最初我还奇怪，怎么老问我名字呢？后来我突然明白了，他们怕万一张冠李戴，岂不太可怕了？所以要反复核实这个做手术的人是不是"李镇西"。我心里恶作剧地想，如果我突然回答："张桂枝！"估计全屋子的人都会震惊，我甚至想象着当时的混乱。

回到病房，还有一群年轻的护士，每天给我打针、挂水、护理伤口、清洗身子、量血压、测体温……每一个走进来时步履都那么轻盈，她们的动作都那么柔和，她们的语言都那么亲切。虽然她们都戴着口罩，我看不到她们的面庞，但每一双眼睛都那么美丽，闪烁着善良的光泽。

对于护士站的医护人员，我并没有太多的单独接触，但他们每一个人都让我感到温暖。依稀从他们胸前的工作牌上看到一些名字：吴毅、谢燕达、黄庆、袁峰、梁靖媛、张慧敏、文成玉、范琳琳、吴瑞、朱科第、张余、汤佳玲、白文卉、张富鑫、梅雪……

让每一位患者都得到专业的医护，并感到温暖，这是他们生命最好的呈现方式。

主刀的廖洪医生是一位专家，但他背后的团队，以及相关的辅助医护人员，则是许多平凡的敬业者。

当我们倾情于最耀眼的花朵时，别忘记了更多的绿叶。

五

这是我第二次做手术，八年前也是在这家医院做过一次手术。

两次都是全麻，但我一直没搞清楚，是什么时候给我注射的麻醉剂。

八年前的那个早晨，七点半我被推进手术室，躺在手术床上时还是有点紧张，毕竟是第一次做手术，而且是全麻，这意味着整个过程我都处于昏迷状态。

万一醒不来呢？我暗自想。

所以，当时我躺在床上，就特别注意什么时候给我注射麻醉剂，但护士一直没有给我打针。她们做着各种准备工作，可就是迟迟不给我打麻药。

于是，我在脑海里构思写文章，当时我在《中国教师报》开了专栏，专门写学校老师的故事。记得那天我在想如何写张月老师，脑子里回忆着她的故事。

突然被人推醒了："快醒醒，手术结束了！"

啊，手术居然已经结束了！

仰面往上看，是我爱人、女儿和朋友们的脸，都是一副松了口气的表情——终于醒来了！

我昏沉沉的，但还是吃力地问了一声："什么时间了？"听到的回答是："快十二点了。"我心里想，居然过去了四个多小时，我什么都不知道。

但是，我是从什么时候进入麻醉状态的呢？护士什么时候给我打的针呢？

一点过渡都没有，无比正常地构思文章，完全没有"被击中"或"被推入"的感觉，就被麻醉然后又醒来了。

这个谜，一直持续了八年。

这次我是下午两点半进的手术室。我告诉自己，说不定随时都会在我不注意的时候被注射，或许是脚上，或许是手臂上。这次我可得注意了，因此我特别留意每一个细节。

然而，依然是……是什么？如果说上次我还记得是在构思文章，这次就连这个记忆都没有了。不知什么时候就什么都不知道了，然后有人拍我："醒醒，醒醒！"我睁开眼睛，一位护士说："完了。"我吃力地问："手术结束了？"她大声说："结束了！"

出了手术室，在被推往住院病房的路上，碰见在路边等待的爱人和女儿——疫情防控期间，她们只能这样看我，我问爱人："几点钟了？"她说："快七点了。"

我的天，居然过去了四个半小时！

但究竟是在什么时候如何被麻醉的，依然是个谜。

于是，我直接问医生："我怎么一点都没感觉到谁给我打麻药针呢？"

他说："不是打针，是……"怕我听不懂，他尽量通俗地给我解释："用一个罩杯，往你的嘴里、鼻子里喷……"

我一下想起来了，那个用罩杯扣在我嘴上并说"你不用知道那么多"的护士，就是在给我实施麻醉。

两次全麻，宛如睡了一个很沉很沉而且没有梦的觉，如果恢复了神志，叫"苏醒"；如果一直没醒来，叫"死亡"。

想起来还是有点可怕。

我问医生："万一醒不来呢？"

他说："这个你放心。麻醉师的本事不是把你麻醉，而是把你麻醉后还能让你醒来。"

也好。设想一下，如果不做全麻，而是半麻，几个小时的手术，对于躺在手术台上而头脑清醒的我来说，是一种怎样的煎熬和折磨？

一全麻，什么都不知道了；一醒来，什么都结束了。多爽！

有时候，知道是一种焦灼，甚至恐惧，而不知道恰恰是一种宁静，甚至幸福。

六

未动手术前两天，每天早晨在屋内疾走5公里，时间58分钟。健身的同时，听音频"馒头大师"。

手术前后，关注南京、扬州疫情，惦记河南、湖北水灾，眺望阿富汗风云突变，关注张文宏声望毁誉……

有所思，便成文。

完成新书《李镇西答新教师101问》最后一篇，写后记，整理目录，最后发给出版社。

住院十天，我读完了唐宝林先生所著近百万字的《陈独秀全传》，边读边想，思考的翅膀飞回百年前中国的"觉醒年代"。在此之前，我读过四本陈独秀传，而这本书是史料最详实的，相对是最客观的。

一位护士给我测血压时，看到书的封面，问："是老共产党员吗？"我笑着摇摇头。她很惊讶："那你怎么……"我说："我喜欢历史，热衷党史。"

输液时，或听蒋勋的音频，或看电视剧《人间正道是沧桑》，该剧十年前看过，忘得差不多了，等于是初看。

住院十天，收获满满。

我思故我在。我读故我在。我写故我在。

思考、阅读、写作，这是我生命最好的呈现方式。

2021 年 8 月 15—19 日于病房零"敲"碎"打"而成

真情与直言

我坚信发声的力量

——2022 年新年致辞

　　最近，我就"双减"之后教师的负担问题作问卷调查，参加调查的老师超过一万人，我感动于老师们的积极参与。后来，我将调查报告发布在中国教育三十人论坛上，反响强烈。

　　但也有老师留言说："有什么用呢？"

　　每次我在"镇西茶馆"搞类似的调查，都有老师留言说："有什么用呢？"

　　如果这个"有用"指的是第二天便有"效果"，那肯定"没用"；但如果这种声音持续不断，最后一定会"有用"。

　　多年来，我多次为各种教师"难题"呼吁。远的不说，就说最近几年吧。2016 年，我在"镇西茶馆"作了关于教师非教学任务的调查，了解老师们在教学以外的负担情况；2017 年，我在"镇西茶馆"作了关于教师工资待遇的调查，了解老师们的收入状况；2018 年，我又在"镇西茶馆"作了关于一线教师职称评定问题的调查，了解老师们关于职称的困惑；2020 年，我同样在"镇西茶馆"作了关于校长工作内容的调查，了解一线校长的工作负担；直到最近，我进行关于"双减"之后教师负担的调查……

　　每次调查，虽然我都在中国教育三十人论坛上发布，同时通过各种渠道递交有关部门，但其实我都不抱太大希望，但我依然相信，持续不断地呼吁，不可能没有一点效果。回头看，最近几年，中央不断发布为基层学校减负的文件，虽然这些文件不一定已经落到实处，但毕竟中央已经表明了态度。这当然不是我一个人呼吁的结果，但这是包括我在内的千千万万普通人持续发声的结果，这是毫无疑问的。我为此自豪。

作为成都市人大代表，多年来我一直持续不断地为改善提高成都市教师工资待遇而呼吁，连续几年写的人大代表建议都是有关提高教师待遇的。当时也有人说："没用的，没用的。"我也认为，我一个人的力量不可能改变现实，但我坚信许多人持续发声，一定会有效果的。果然，从2017年起，成都市人民政府开始提高教师收入。以武侯区为例，政府逐年提高教师待遇，明年还会提高。什么叫"一次性绩效"？通俗地解释，就是在教师原有收入的基础上凭空再增加一笔钱，而且不分是否在编，只要在岗都有份；也不搞人为地"拉开差距"，只要教学常规没问题，老师都会获得属于自己的一次性绩效工资。当然，并非每一位老师拿到手的都绝对一样多，但老师之间差别不大，至少远不是绩效工资那么大。

如果说这是我一个人呼吁的结果，绝对是胡说八道；但我的声音汇入了许许多多的声音，最后共同推动了我们理想的实现，这是事实。

关于普通人发声的力量，我还想到一件事。

2016年于欢事件轰动一时，对他的无期徒刑的判决震惊全国。我写下《我该如何给学生讲于欢？》，获得网友们的点赞和疯转，六个多小时的打赏金额就达12.3万多元！（后来，我将这笔钱全部捐给了某教育基金会。）当然，不是我一个人在呼吁，那段时间撰文呼吁的普通人太多，最后，法院改判于欢为有期徒刑五年。民众的呼吁，不是以"民意"压法律，而是督促法院真正依法判决。这就是发声的力量。

每一眼泉水，都不敢说自己是大海，但所有奔流的泉水最终会汇成波澜壮阔的海洋。

每一片叶子，都不敢说自己是风景，但所有燃烧的叶子最终会铺就层林尽染的秋天。

每一块石头，都不敢说自己是高山，但所有坚硬的石头最终会化为耸入云天的峰峦。

每一个脚印，都不敢说自己是道路，但所有执着的步伐最终会抵达令人神往的圣地。

所以，我始终坚信每一个普通人持续不断发声的力量。

2021 年 12 月 31 日

那时候教育很简单

现在我经常回想我年轻时的教育，不由得感慨——那时候的教育很简单。

是的，那个年代，教育，就是教育。

那时候，找学生（包括女生）谈心，无论单独谈心还是几个孩子一起谈心，无论是在办公室还是教室，无论是关着门还是开着门……谈心就是谈心，没有其他杂念，也不可能有任何杂念。

那时候，班主任的工作就是常规管理、班级建设、纪律、卫生等；班会主题、教室布置、集体活动……一切都由班主任说了算，多简单！没有"班级文化打造"的统一规定，没有各种"评比""检查""验收""打分""量化"……

那时候，年轻老师就琢磨如何把班带好、把课上好就行了，也有师父带，但无非就是跟着教研组内某位老教师听课，没有那么多的"班主任技能大赛""新教师课堂观摩活动"以及各种"磨课""研课"，也没规定必须听多少节课，而且还要检查听课笔记……

那时候，学校期末也有"优秀工作者"之类的荣誉——也就校内发一张奖状而已，但那都是同事评选的，而不是"自己申报"，写自我吹嘘的材料，而且这些材料的要求十分繁复，申报一次就被折腾一次——多年后，听说职称评比和评优选先居然是自己申报写材料，我很长时间不能适应也不理解，怎么能这样鼓励人"自吹自擂"呢？

那时候，也鼓励老师不断提高业务水平，但不过就是鼓励而已，倡导一种风气，没有规定的"必读书"（还要写读后感），没有规定必须申报的"课题"，没有规定一定要写的文章……

那时候，读书完全是教师自觉、自主、自由的事儿，包括带着学生阅读，都是老师自己的事，没有任何功利，也不评什么"书香班级"，没有规定的班级图书角，没有规定的读书壁报，更没有规定摆拍一些"亲子共读"的照片贴在墙上，以呈现"浓浓的书香氛围"……

那时候，家访就是家访，无非就是下班后跟家长约个时间，骑着自行车就去了，聊一聊，看一看，最多喝一杯茶，然后告别，又骑往另一家……没有必须拍"促膝谈心"的照片，没有必须填的"家访日志"（格式都是统一规定的），也没有规定的家访人数……

那时候，放了假就真的放假了，没有各种专业培训、集中学习，不要求假期中途到校开会，也不要求提前一周到校。记得刚工作那几年，我每年一放假，就外出旅游，一直到开学前才回家，嗨得很！

那时候，老师也会关心孩子的健康和安全，但孩子出了学校就是家长的事儿，和老师没多大关系。就算学生在学校摔伤了，老师无非就是带他到医务室简单处理一下，如果伤势严重就打个电话请家长接回去上医院。老师完全不用时时刻刻担心学生的安全问题，更不用在放假后还要担负起类似"巡河"的责任。

那时候，人与人之间很单纯。我有时也会和校长争论甚至争吵，但从不担心领导会以权谋私，会给我穿小鞋；同事之间只要不是特别的性格冲突，一般都能和谐相处，很少有勾心斗角，因为没有职称、没有绩效，不存在什么"利益竞争"；和家长真的就是因孩子而相识，谈的就是教育，家长不会担心老师暗示索礼，老师也不用担心家长会讹你，都没朝那方面想。

那时候，也要求教学质量，也有升学竞争，而且开始"片面追求升学率"了，但除了正常的期中考试和期末考试，就没有任何统考，也没有

"调研考试"，更没有"一模""二模""三模"（指高三的"模拟考试"）……而且，校内考试都是教师自己阅卷，完全不像现在，连一个年级的考试阅卷都要"流水作业"。

那时候，也没有周末补课，没有各种学科竞赛，没有各种辅导班，没有各种统一购买的复习资料……那时候，没那么多的"××进校园"，也没那么多的"领导视察""专家验收"，当老师就是当老师，不会有多种"兼职"，不会有各种应付，没有任何"过程性痕迹管理"的记录，很少（不是绝对没有）教学生说假话、做假事……

那时候，学校发展也很简单，无非就是让每一个老师用心教书育人，没有什么"提升形象"的任务，没有"打造文化"的目标，没有"再创新高"的愿景，没有这个"模式"、那个"特色"，没有这个"品牌"、那个"影响"……

那时候，教学是老师的主要任务，而所谓"教学"无非就是精心备课，用心上课，细心批改作业，耐心辅导学生，除此之外，没了！没有那么多的学这个学那个，没有那么多的"321AS 教学法""5+N 模式"，对语文课来说，只要一支粉笔、一本教材就够了，一切花里胡哨的东西全没有……

那时候，所谓"好教师"就是把课上好，把班带好，把分考好，没有职称，没有各级"骨干""名师""学科带头人"的评比，完全不用去为这些"头衔"而煞费苦心。对老师来说，教育真的很简单，无非就是认认真真地上好每一堂课，认认真真地带好每一个班，认认真真地爱每一个学生，除此之外，没有"教育"。

那时候……

在这么简单的教育背景下，我找个学生谈心，哪怕是单独找女生谈心，有问题吗？

而现在，的确是年代不同了，时代也不同了。

有什么不同？

一切都复杂化了！人与人之间失去了彼此信任，都"有罪推论"了。

从什么时候开始变成这样的？

我想了想，应该是从进入新世纪就开始"不太一样"了，最近十来年尤甚，所谓"教育内卷"其实也就是最近十年的事。

——简单的事变复杂了，教育已经不堪重负了！

对刚刚出台的"双减"政策我举双手拥护，可是，我觉得最应该做的，是为教育本身减负！

什么时候，我们的教师还能回归本职？

什么时候，我们的教育还能重返本质？

什么时候，我们能做纯粹清爽的教师？

什么时候，我们能搞简单干净的教育？

2021 年 8 月 7 日

老师，你理解的教育就只是传授学科知识吗？

虽然我非常感谢每一位老师对"镇西茶馆"的关注和对我的尊敬，但我还得直言——朋友间的开诚布公，就是最大的真诚与尊重。

我写杨靖宇，有网友说："李老师开始搞历史研究了呀？"我写特斯拉，有网友留言说："李老师转战经济领域了？"我写某国的"特别军事行动"，有网友说："李老师的眼光又转向世界风云了？"我写"咸鸭蛋"，有网友说："李老师开始关注社会问题了？"我谈《第二十条》，有网友说："李老师又对法律研究感兴趣了？"……

还有一些留言就不那么客气了："你是教育出身，还是多谈谈教育吧，不要涉及自己不熟悉的领域，说一些不专业的话。"

他们所谓"自己不熟悉的领域"，就是指写杨靖宇啊，特斯拉啊，特别军事行动啊，咸鸭蛋啊，电影《第二十条》啊，等等。

我得严谨地区分一下上述质疑，有的的确是不理解："怎么李老师不写教育了？"有的则纯粹是不同意我的观点，但缺乏反驳的理由，于是便"换个角度"以一种谆谆教诲的方式说："还是不要写你不擅长的领域吧！"以我 60 多年的人生阅历，你这点儿小心思，我还看不透？

好，尽管有的质疑者闪烁其词，但我却愿意直言不讳地亮出我的观点——

老师，你理解的教育就只是传授学科知识吗？

有人之所以误解我在"跨界写作"，根本的原因是他们对教育内涵的狭隘理解。

其实，无论是写杨靖宇、特斯拉、特别军事行动，还是写咸鸭蛋、《第二十条》，写的都是教育！

以前几天我写的有关特斯拉的两篇文章（其实是一篇文章）为例，我的用意根本不是像个别人所说我在"炫耀自己开特斯拉"（我不知道这人的阅读理解能力是不是真的这么糟糕），也不是有人所认为的我在写"跨界文章"谈我对特斯拉的"研究结果"——我哪有那些丰富的专业知识啊？第一天推出的有关特斯拉的文章（上篇），主旨是谈一个人要有一种宽容的心态，一个社会要有一种宽松的氛围，这样才能使我们的国家走向兴盛。第二天推出的有关特斯拉的文章（下篇），主旨是如何看待买外资产品与爱国的关系，其实也是谈开放年代的一种开放胸襟。

看看，这不都是教育吗？

很遗憾，有的朋友只希望在"镇西茶馆"读到语文课堂如何自然而然地导入新课、作文教学中如何有效率地批改、阅读教学如何激发学生的兴趣、班主任工作如何面对各种突发事件、如何培养班干部、如何转化后进生、家长如何与孩子谈心……除此之外，他们认为我写的文章都是"非教育"的。

毫无疑问，学科教学、班主任工作、家庭教育指导，是一个教师的专业核心，离开了具体的学科教学和班主任工作，一个教师就没有了教育，这是铁的原则。

我还可以说得更直白一些，如果一个教师连学科教学都不懂、班主任工作都不会，他根本就不是教师。

但是，如果一个教师仅仅守着课堂和班级，两只眼睛只盯着分数和纪律，脑子里只有学科知识，那么他依然不是一个完整的教师！

对"教育"的解释众说纷纭，可谓见仁见智，但我特别赞同雅斯贝尔斯在《什么是教育》一书中所说："所谓教育，不过是人对人的主体间灵肉交流的活动（尤其是老一代对年轻一代），包括知识内容的传授、生命内涵的领悟、意志行为的规范，并通过文化传递功能，将文化遗产交给年轻一代，使他们自由地生成，并启迪其自由天性。"他还说："教育是人的灵魂的教育，而非理性知识和认识的堆积。……谁要是把自己单纯地局限于学习和认识之上，即便他的学习能力非常强，那他的灵魂也是匮乏和不健全的。"

看见没有？教育是"灵魂的教育"，如果只有学习能力，其灵魂也是不健全的。

所以，教育就是给学生一个健全的灵魂，这个灵魂当然包括知识，但不只是知识，还有生命、文化。苏霍姆林斯基也认为，知识教学只是手段，目的是人格的形成。也就是说，即使传授知识，那也是形成人格的一个重要渠道，而非目的。

要给学生一个健全而饱满的灵魂，教师本人的灵魂就得健全而饱满。这个灵魂，首先不是作为教师的灵魂，而是作为"人"的灵魂。

我经常引用傅雷在给儿子傅聪的信中所说的一句话："先为人，次为艺术家，再为音乐家，终为钢琴家。"这四者的递进关系我想不用我解释了吧。那按同样的逻辑，我常常跟许多年轻教师说："作为教师，应该首先是一个大写的人，然后是一个有胸襟和责任感的知识分子，再是一个精神饱满的教育者，最后才是专业精深的学科教师。"

无论是作为现代公民的人，还是作为富有社会责任感的知识分子，我们心中自然应该装着天下。20多年前，我出版《教有所思》时，出版社要我手写一句话印在书上，我写的是："以思想者的眼光审视教育，用教育者的情怀感悟世界。"

无论人类社会还是自然世界，都是我们教育的素材。或者说，以教育者的眼光看，我们周围的一切，无论是清晨一缕阳光洒在颤抖的露珠上，还是夜晚以色列和哈马斯的战火染红了天空，我们都能读出两个字——教育。更不用说杨靖宇、特斯拉和"咸鸭蛋"了，万事万物皆为人格，一草一木都是教育！

所以，我哪里在搞什么"跨界写作"？我哪里有"研究领域的转向"？

教育者的眼光，决定了教育的宽度；教育者的思考，决定了教育的深度。

所以，我在给年轻老师提的阅读建议中，希望老师在自己的阅读范围中，人文与科学（即通识）类应该占50%，教育类占30%，学科教学类占20%。我们要站在人类文明的制高点，俯瞰我们的每一堂课，这样的教学才有人性的厚度，这样的教育才能培养完整的人。

如果"镇西茶馆"只能推出语文教学和班主任的相关文章，那我自己就不是一个合格的教育者。

我曾经这样定位"镇西茶馆"——

点点滴滴，丝丝缕缕；教育观察，社会关注；热点评论，心绪抒发；说三道四，杂七杂八；四面树敌，八面威风。

我希望通过"镇西茶馆"，把年轻教师的眼光引向整个世界——因为这个世界就是教育本身，而不是教育以外的"东西"。

我的一些所谓"教育以外"的思考评论当然不"专业"，问题是，我本身就不是在评论某专业，而是在思考这个专业的教育意义，是在思考这个世界。我再说一遍："以思想者的眼光审视教育，用教育者的情怀感悟世界。"

如果大家明白了我说的这些，还会误解我是在"跨界写作"吗？

当然，还有朋友希望我"多谈谈教育，不要涉及其他社会问题"，是担心我和"镇西茶馆"的安全："如果哪一天'镇西茶馆'不存在了，我们到哪里去读李老师的文章呢？"

我特别感动也特别感谢这样的朋友！放心，我热爱我们的国家，热爱我们的民族，热爱我的学生，热爱我的生活，写出的文字自然不会背离我之所爱。我相信，一个如此热爱教育的人，所写的文章一定是最安全的。

2024年2月26日

对后进生的态度，检验着教师的真爱

我回忆王绍华校长帮助我成长的文章《遇到这样的校长，是一生的幸运！》，在网上引起了强烈的反响。王校长给我发微信："你的那篇文章在网上一传，弄得我不知所措。"我回复王校长："王校长，我完全是真情实感，没有半点虚言，是发自内心表达对你的尊重，你得到大家的尊重，也是因为你的人格魅力。"

我说的是真话。我早已不是王校长的下属，何况已经退休好几年，没有半点必要拍王校长马屁，我也不是那种性格，但王校长人格的丰碑（我估计王校长又要被"丰碑"二字"吓"得不知所措），是客观存在，不光是我，石室中学的许多老同事也有同感。

一位同事在我的文后留言道："刚认真拜读了李老师的这篇文章，王校长的人格魅力、引领示范，对老师们的关心与支持让我永远铭记于心！感恩刚参加工作就遇到这样好的校长！祝尊敬的王校长新年快乐！身体健康！"

今天早晨，王校长在微信上对我说："当年周主任跟我说，别的班主任都不愿接基础差的转学生，只有镇西老师愿意接纳。你还对他们虚席以待，发动组织学生鼓掌欢迎。这些教育家精神，让学生及家长永远铭记在心！我的学生王工一、张小蓉的孩子王××都希望分到你班上。"

说实话，虽然我已经60多岁，可也有着某种得了表扬后很得意的心情，也许这叫"虚荣心"吧！一位60多岁的退休老师，得到了80多岁老校长的表扬，无法不激动啊！

王校长居然还记得这事儿！他不说我可能都淡忘了，但他一说我就想起来了。我回复王校长说："是有这么回事儿！不过我觉得这是一个老师对学生应该有的态度。一个老师是不是真有爱心，其实就看他对后进生的态度，因为对优生的爱是不需要培养的。"

我简单叙述一下王校长说的我"愿意接纳"后进生的事吧！

有一年开学第一天，我朝教室走去，准备给刚刚返校的学生交代新学期的有关要求。走到教室门口，我看见孩子们已经整整齐齐地坐在教室里了，正准备表扬他们，突然听见有人叫我。我回头一看，离我大概20米远，周主任正带着一个孩子朝我走来。当离我越来越近时，周主任一下子加快速度来到我跟前，悄悄地对我说："这是一个转学生，成绩不好，准备安排在你班上……"

很明显，他急于跟我解释，又怕孩子听到，于是便快步过来给我耳语。但他话还没说完，那孩子也走到我面前了。孩子的表情比较沮丧，有些自卑。

我打断周主任的话，对着孩子说："欢迎欢迎！欢迎新同学！"

事发突然，我也来不及多想，但有一个念头很清晰：不能让这孩子感到自卑！

当时我还站在教室门口，于是马上拉着那个孩子的手进了教室，对全班同学大声说："今天开学第一天，咱们就转来一个新同学！多好的事儿啊！"

我的热情洋溢与最后一句话，显然是某种暗示。我的学生当然听懂了我的话，于是全班同学都很默契地鼓掌，迎接这个成绩不太好的转学生的，是雷鸣般的掌声。

因为突然来了一个学生，没有事先准备，教室里没有多余的桌椅，可我不能让这孩子尴尬地站着啊！

当时，我看了看前排的同学，准备动员其中一个孩子临时和旁边的同学挤一挤，把自己的座位让给新同学。凭我对我班孩子的了解，任何一个同学都愿意。

我正要开口，脑子里突然一转，本来要劝某一个同学的话，一出口却是说给全班学生听的："同学们，一会儿我们会去领一套桌椅给新同学，可现在新同学还没座位，哪位同学愿意把自己的桌椅让给新同学啊！"

一瞬间，几乎是全班同学都举起了手！

我请新同学就近坐在了第一排一个让出来的座位上。

当时没想那么多，可事后我为自己这个小小的技巧而得意。如果我安排某一个学生把座位让给新同学，一点问题都没有；可是，当我让同学们主动举手让出自己的座位时，那如林的手臂让新同学感受到的，就不是李老师一个人的热情，而是整个集体的温暖。

这个孩子很快就融入了新集体，一直和同学们友好相处，直到毕业。

后来，周主任对我说，这个学生是外校转来的，其实也是留级生。因为成绩不好，家长希望孩子换个学校降一级，也许对他的学习更有好处。因为是这么一个学生，所以，周主任先安排给其他班主任，结果别人都不要，这才送到了我的班上。

其实，我在石室中学所教的班，并非年级出类拔萃的优秀班级，因为班上的学困生较多，至少比同年级其他班多。所以，无论哪一方面（包括成绩），从来都没有在评比中名列前茅过。有人对我可能有些不以为然，但当时我就知道王绍华校长多次为我"辩护"。因为我班上"出事"要多一些，有人当然会议论，可王校长对他们说："李老师班上调皮娃儿多一些，人家李老师比一般老师付出的辛劳更多，怎么能够简单地责怪他呢？何况，这些孩子也在进步。"

现在，是不是每一个校长都能如此公正而宽容地评价老师呢？

写到这里，我还必须特别强调，当时王校长对后进生的态度也让我很感动。我班有一个叫安超的孩子，比较调皮，成绩不好，后来因为跟不上便转学走了。到了新的学校不适应，他母亲带着他又来找我，希望能"转回来"。我表示欢迎，但我马上想到，这事儿不是我可以做主的，我又不是校长。于是，我便去找王校长。我对王校长说，就当他没有转学嘛，生病请假在家待了两天，现在病好了又回到班上来了。说实话，这种情况换个校长多半不会同意，这么一个后进生转走了，还想转回来？但王校长不是一般的校长，他很有爱心，同意安超转回来。

后来安超不但考上了高中，还考上了大学，现在在一家大型国企担任中层干部，很有出息。无论是安超，还是他妈妈，都非常感谢王校长。

刚才我说当年我的班"无论哪一方面（包括成绩），从来都没有在评比中名列前茅过"，特指的是各种"分数量化"和"优秀班级"的评比。毕竟同年级其他班确实很优秀——我还记得当时另外三个班的班主任是叶幼梅老师、翁明老师和王军老师，他们的确非常优秀，我和他们都是非常真诚的朋友，这份友情保持至今。毕竟我班时不时会出一些"偶发事件"，自然影响班级荣誉，但就班风而言，我和我的每一个学生都特别热爱我们班，因为有温暖，有正气。

我至今还记着，这个班的"调皮大王"之一（这个班的确有好几位"调皮大王"）邹冰，高考落榜，在一所学校插班重读高三，得知我博士毕业回到成都又当班主任后，给我打电话，要我跟校长说说，让他到我班上来读书。他的原话是："我还想做你的学生！"当时，我提醒他："你清醒一点，我现在教高一！"他说："那你就跟校长说，让校长同意我到你的学校插班读高三嘛！"我说："我并不能教你呀！"邹冰说的一句话，让我感动至今："只要每天能够看到李老师，我就满足了！"

作为老师，还有比这更至高无上的荣誉与幸福吗？

2024 年 2 月 28 日

校园作假何时休？

最近，李克强总理呼吁"地摊经济"，引起强烈反响，网上一片点赞。

其实，回顾 2016 年 4 月 25 日李克强总理到成都夜访宽窄巷子，我们就可以感觉到他对民生的关心一直是很真诚的。他说："巷子可以窄，造福百姓的思路一定要宽。"

我特别注意到，当时李克强总理在和一个店主聊的时候，一再提醒他："你一定要说真实情况啊！"

这看似寻常的一句话，却让我怦然心动：总理一定知道，很多时候，面对领导的百姓并不敢说"真实情况"，所以总理特意提醒。

不是总理不信任店主，而是他一定知道目前中国的某些"国情"。

"怎一个假字了得！"这可能是许多老百姓对目前很多"工作汇报"的共同感受。面对领导，毫不脸红且非常自然地说假话，似乎成了一种常态。

我是教师，自然联想到教育。

我们的校园，有多少弄虚作假？完全不用我举例，我百分百地坚信，任何教师读到这里，脑子里都会自然而然涌出许多教育作假的例子，可以为我这篇短文提供源源不断的实例。

特别是有重要领导来视察工作时，或者要迎接各种"督导""验收""评比"时，从校长到老师再到学生，都会按"上面的统一要求"认认真真地作假；而且，校长和老师还要反复叮嘱学生们，领导和专家来了，该怎说，怎么做——以"人民的名义"教学生作假。

等专家、领导来了，四处莺歌燕舞，一片欢乐祥和。

专家走进教室问孩子："作业多不多？"孩子们脆生生地齐答："不多。"乖得不得了。老师那个感动哟！

领导走进办公室问老师："负担重不重？"老师们雄赳赳地齐答："不重。"也乖得不得了。校长那个感动哟！

最后，专家、领导、校长、教师、孩子们……那个开心哟！

大家都知道在演戏，可彼此心照不宣，配合得非常自然，天衣无缝，滴水不漏。这当然不能怪校长、老师和学生，甚至还不能怪局长……由于种种原因，大家都得这样，必须这样，只能这样。

大家都不容易，都累呀！所以迄今为止，我还没有听到过任何学校的任何一个人面对前来视察的领导，或者前来指导的专家，大喊："假的，假的！"

为什么没有人像《皇帝的新装》里的小男孩一样戳穿假象呢？

可能很多人是这样想的，我也是这样想的：领导讲话作假、汇报数字作假、"创卫"工作作假、行业竞争作假、舆论宣传作假，包括教育界的职称舞弊、赛课排练、论文抄袭……都不影响我们吃饭、睡觉，虽然厌恶，但毕竟"大家都见得惯，我有什么见不惯的"。

但是，那些所谓"虚的作假"难道真的与己无关吗？无数个"虚的作假"败坏社会风气，妨碍国家发展，最后受害的不也是我们每一个人吗？

至于教育上弄虚作假尤其是教孩子作假的危害是什么，就不用我多说了吧？

我当然没有资格去批评别人，因为我自己就经不起拷问。扪心自问：我当老师的时候作过假没有？教过学生作假没有？我当校长时给老师们布置过弄虚作假的事没有？答案全是肯定的。

那么，为什么要作假而不敢对领导直接说"不"呢？无非是种种"利害关系"的顾虑：个人荣辱当然在顾虑之内，但说实话，这真的还不是第一位的，特别是当校长后，我相对比较"不在乎当不当校长"，但关键是我必须得考虑学校"声誉"和"发展"，这关系着全校教师的切身利益，当然也间接关系着孩子们的受教育环境和条件。

当老师时说真话，我担心校长给我穿小鞋；当校长时说真话，我担心学校声誉受影响。这让我失去了面对种种虚假说"假的"的勇气。

如果换了一个校长，他真的担心因为说真话而位置不保，我可以不在乎当不当校长，但绝大多数校长在乎。这种"在乎"我认为很正常，一个人不是生活在真空中。那如果是一个普通老师，面对领导揭露弄虚作假，后果可以说"不堪设想"。其实，这个逻辑可以一层一层往上推：校长对局长，局长对厅长……每一个下级对上级说真话，结果会如何？

最近我一直在读有关国际共产主义运动的书，列宁的一句话在不同的著作里都被引用："政治上采取诚实的态度，是有力量的表现；政治上采取欺骗的态度，是软弱的表现。"无产阶级政党的领袖人物也一直倡导要让人民说真话，"天塌不下来"。

我认为，第一重要的不是鼓励说真话，而是保证人们敢说真话，让说真话者没有任何后顾之忧。因此，建立保证说真话者不被任何形式追究的良好制度，才是解决问题的关键所在。

如果这样，李克强总理无论到哪个小店和店主聊天，都不用提醒："你一定要说真实情况啊！"

2020 年 6 月 6 日

阳奉阴违是种种教育丑态屡禁不止的重要原因

今天上午，有关领导到我办公室就我年初在市人大提出的"减轻学生课业负担，保证学生体质健康"的建议，作出当面答复。

下面是我的即兴谈话内容——

感谢领导在百忙中亲自走访，当面回复。虽然我知道这是处理人大代表建议必须走的程序，但我还是赞赏你们认真对待人大代表建议的态度和办事效率。

其实，关于减轻学生负担已经是一个很老的话题了，但学生负担过重的现象却屡禁不止。

1981年8月5日，教育部原副部长张承先在《人民日报》上发表文章，提出了改变单纯追求升学率的五条措施——

一、在全国，坚决不对各省、市、自治区搞高考分数排队；各省、市、自治区以及地、县，对学校也一律不搞高考排队。不得给学校下达高考指标，不得按升学率高低作为评定学校工作好坏的唯一标准，更不得按此对学校和教师进行奖惩。

二、坚决把学校和学生从频繁考试中解放出来。学校只实行期中、期末考试，省、地、市、县、区都不得实行统考统测，给学校排名次。这种做法影响学校从实际情况出发搞好工作。

三、严格按照教学计划、教学大纲的规定进行教学，不得搞突击，过早结束课程，不要搞大量复习题，影响正常教学。

四、必须对全体学生负责，不得只抓毕业班，放弃非毕业班；在毕业班，不得只抓少数"尖子"学生，忽视和放弃大多数学生。

五、必须保证学生每天有九小时的睡眠时间，保证学生的体育活动和假期。

40年过去了，情况是好转了，还是更加严重了？

当然，这次教育部发文，以空前的力度狠抓控制学生作业量、保证学生睡眠等问题，我相信，至少在一段时间内，情况会有所好转，或者有些现象会有所遏制，但恕我直言，就长远而言，我不敢轻言乐观。

想一想，几十年来，我们这样的文件出台了多少？每一次都是"空前的力度"。记得2000年，当时据说是分管教育的领导发现上小学的孙子课业负担很重，于是批示给学生减负。那次也是声势浩大地说："一定要把孩子的负担减下来，保证睡眠，保证视力，保证体质！"当时我在成都石室中学工作，在办公室欢呼起来。可没过多久，一切照旧。从那以后，隔几年便有"减负"的国家文件出台，可我不再兴奋。

问题出在哪里？

当然，理智地分析，学生负担重只是浮在水面我们看得到的现象，其实水底下是很深的。显然不能怪老师，因为校长有要求；也不能怪校长，因为局长有任务；也不能怪局长，因为区长、市长有目标；也不能怪区长、市长，因为他们面临社会的压力——所谓"社会压力"其实主要就是家长的压力；就算学校减了负，周末家长照样给孩子加负。那么怪家长吗？他们也很冤枉："我们的孩子难道我们不心疼？关键是考试制度没变啊！"那么怪我们这个社会"唯文凭论"或者说"文凭至上"的用人机制吗？在一个诚信缺失的时代，如果不讲文凭，整个国家不就乱套了？

这样看来，似乎谁都不能怪。所以我说，这个问题无解！至少难度不是一般的大，涉及方方面面的系统改革。

但难度再大，大得过反腐吗？想想，最近几年反腐的力度多大，那么多的高官纷纷落马。为什么反腐能够取得这么重大的成果？其实，就是从中央到地方各级相关部门认真——注意，大政方针确定之后，就是这"认真"二字起了关键作用。所以毛泽东说："世界上怕就怕'认真'二字，共产党就最讲'认真'。"想想，面对反腐利剑，谁敢袒护？谁敢走过场？

但是，教育部门很多时候却不那么认真。中央文件非常好，可下面阳奉阴违。举个例子，"义务教育阶段不许择校"的规定，多好！关于"义务教育阶段不得以任何名义设置重点班"的规定，多好！还有类似的好规定，但执行了没有呢？表面上或者说从媒体上看，是执行了的。然而，只有傻瓜才相信，现在彻底杜绝了择校现象、分重点班现象！不是说好了"划片招生"吗？不是说好了"一视同仁"吗？

更可怕的是，难道有关部门、有关领导真的不知道下面的学校在暗中收择校生，在变相编不同层次的班吗？我断定，他们是知道的，但装作不知道。

下面阳奉阴违，上面装聋作哑，这就是许多丑恶现象屡禁不止的重要原因之一！

当然，还有一些人喜欢钻空子。有一次，一位朋友说他读二年级的孩子晚上做作业做到十一点，我非常吃惊："教育部不是明文规定小学一、二年级不得布置任何书面作业吗？"这位朋友回答："老师说，自愿做！"哈哈！"自愿做"——请问哪个孩子敢不"自愿"做？哪个家长敢不让孩子"自愿"做？但是，因为老师说了"自愿做"，家长即使举报也没用——人家明明说的是"自愿做"嘛！

我还是那句话，如果领导真的重视，没有解决不了的问题。前面说的反腐是一个证明。我再举一个例子。前几年，我几乎每次参加人大会议，都要呼吁增加教师收入，提高教师待遇。当然，绝不是因为我一个人的呼吁，而是因为包括我在内的许多人的呼吁，再加上国家出台了明确的政策，还有力度很大的保证措施，从 2018 年起，成都开始给老师们发一次性绩效，记得那年是发了八千还是九千，老师们非常开心。局长跟我说："还要逐年增加！"到了2020年，武侯区老师们的一次性绩效达到了4.6万多元！今年肯定还会涨。最近几年我外出讲学，说到教师待遇的提高，就会说我们成都市老师的一次性绩效，外地老师都很羡慕我们。为什么这件事多年没解决，最近几年却解决了呢？不就是严格认真落实中央精神吗？

所以，只要上面来真格儿的，严禁下面阳奉阴违，就没有办不到的事情！

想想，如果1981年就开始认真，学生的负担还会那么重吗？那还需要40年来发那么多的文件、出台那么多的政策吗？

我不是说都是和尚把经念歪了，至少现在我认为教育部推出的种种举措是深得人心的，但关键是基层落实，什么时候彻底治理下面的"阳奉阴违"，什么时候种种教育乱象、怪象、丑象、恶象才能真正被杜绝。

希望我这次不再失望，但愿以后我参加人大会议不会再提类似的建议。

2021年4月16日

为什么现在有的孩子心肠那么硬、那么狠?

一

今天，成都冬日融融，实属难得，甚至罕见。

我家在美丽的锦江岸边。我来到江边，坐在草坪边缘的石台阶上，打开我读了 30 多年的《给教师的一百条建议》。阳光暖暖地洒在我的身上，苏霍姆林斯基思想的光芒照进我的心灵。

二

这本书是 1986 年买的，已经不知读过多少遍了——封面补了又补，书页已经卷角，里面有不同时期阅读时留下的勾画批注；但每次打开，我的心都会舒展开来，苏霍姆林斯基的思想总会如涓涓溪流注入我的灵魂。每每忍不住掩卷沉思，继而仰天慨叹：几十年前的苏霍姆林斯基的观点，怎么像针对当今中国的教育现实提出来的啊!

苏霍姆林斯基写道——

我总是认为，一个最重要的教育任务就是要教儿童用心灵去认识世界，用心灵去了解别人——不仅是亲友，而且是生活道路上遇到的任何同胞——的处境。把小孩教得会感觉出他所遇到的人内心沉重、有某种悲痛，这是一种最细致的教育本领。(《给教师的一百条建议》，周蕖、王义高等译，天津人民出版社 1981 年第一版，第 18 页。下文引用本书只标注页码。)

接着，苏霍姆林斯基深情地讲述他如何培养孩子能够感受他人内心世界的敏锐的心。他曾经带一年级的孩子在学校的花园里，从暗处观察从旁边经过的女庄员们，教导孩子观察妇女们的眼睛，学会感觉和了解她们每人内心的情况——是晴朗的平静还是乌云般的苦恼。苏霍姆林斯基和孩子们看到了一个年轻母亲脸上的幸福，看到了一个妇女每天采摘路旁野花时的快乐，看到了两位每天都拿泉水当镜子照、整理发型、欣赏自己美丽的姑娘，还看到了一位在战争中失去丈夫和两个儿子的老妈妈的悲伤……

这才是细腻而深入心灵的教育。

三

苏霍姆林斯基特别警惕孩子冷漠心理的形成。他举了一个例子，有人面对身边的邪恶现象和种种不幸视而不见，认为"我有什么办法呢"，然后扬长而去。苏霍姆林斯基说："要竭力防止青少年在这种情况下可能产生的冷漠态度，要把这种态度看做灵魂最可耻的堕落。因为，这种冷漠态度本身包含着一种很大的危险。只要你有一次两次对与你个人无关的不幸的事置之不理，你就会永远对别人的忧患置之不理。"（第 193 页）

苏霍姆林斯基讲了发生在他的学校的一个故事。一月严寒的一天，孩子们看到到处的雪堆，突然想到，教师楼房旁的小房子里不是住着一位老太太吗？她现在怎样了？于是，苏霍姆林斯基和孩子们越过雪堆，来到老太太的小房子里，看到老太太正在呻吟，她发烧了。他们赶紧给医院打了电话，决定送老太太去医院。雪太大，车根本开不出院子。于是，大家做了一副担架，给老太太披上大衣，将她扶到担架上躺着，然后六个人抬着担架走，12 个人在前面扫雪开路，每走 200 米轮换一次。野外是零下 20 度的严寒，但孩子们却浑身大汗。经过五个小时的艰辛努力，他们终于到达医院。

记叙到这里，苏霍姆林斯基激动地写道："在这一天里，男子汉诞生了。十四岁的少年升高到了勇敢的第一级上来了。我们永远不会忘记这一天。"（第 157—158 页）

读到这里，我也非常感动！关怀他人的细腻的心就是这样培养的，真正的男子汉就是这样成长起来的。

四

我想到 20 世纪 80 年代我带的第一个班帮助伍建同学的故事。来自农村的伍建同学家境贫寒，父亲去世后，他打算辍学回家种田。同学们知道后决定用爱挽留伍建继续读书。我对同学们说："表达爱的最高境界是既要给人以爱，又要给人以尊严。"于是，我们不动声色地给伍建以学习和生活上的帮助，最后伍建留在了班上，完成了学业。在毕业 30 周年聚会的时候，已经有一番事业的伍建对大家说："我永远不会忘记大家对我的爱。把这份爱传递给更多的人，是我一生的承诺！"

我想到 1990 年 10 月，我教高 93 届一班的时候，了解到学校附近有一位老太太，唯一的儿子及儿媳在几年前因车祸双双身亡，现在和孙子相依为命。同学们知道后，不但为老太太捐钱捐物，还把自己的学习用品和一些图书送给那个可怜的孩子。学生们还组织起来，每周都派一个小组去老太太家帮她做家务……

所以，我一直坚持认为，对学生来说，一定要有一个让他们持续表达爱的机会。我并不是说要学生无中生有很做作地去"献爱心"，而是说，要引导孩子发现自己身边和周围需要关心的人——只要有一颗细腻、柔软、敏锐的心，他们总会找到需要自己关心的人。

五

我之所以强调"持续不断地表达爱",是因为那种短暂的、应景式的甚至一次性的"献爱心"活动,是很难真正培养学生关怀人的情感与责任的。

我们现在有的教育者似乎正是如此。重阳节来了,便组织学生浩浩荡荡走进敬老院,给老人们梳头、揉肩、捶背、剪指甲……然后唱歌跳舞,其中手语舞《感恩的心》是必不可少的;三八妇女节来了,安排学生回家给母亲洗脚,或者直接把上百位母亲请到学校大操场,让孩子们给自己的母亲洗脚,场面蔚为壮观!

不是说不能去敬老院,也不是说不能给母亲洗脚,而是这种行为越来越成了一种"任务",越来越带有表演性。孩子们在养老院热热闹闹、叽叽喳喳,觉得好玩儿;他们给妈妈洗脚也觉得很新鲜,反正又不是每天都洗。做这一切的时候,一定得拍照,留下"过程性痕迹",然后写微信公号、做美篇、发朋友圈……就算是"大功告成"啦!

这样急功近利的表演,离苏霍姆林斯基所说的培养儿童"关怀人"的"情感修养"相差何止十万八千里?

苏霍姆林斯基希望每一位教育者能够"使儿童当别人需要时总是表现出自己的同情心:对某人怜悯,对某人爱抚,对某人保护,对某人关心,为某种原因而焦急不安,为某件事而悲伤"(第6—7页)。

这种培养,显然应该是自然的、常态的、生活化的。

"儿童的情感修养就是这样培养起来的。……能用心灵感觉出别人情绪的儿童就会关怀人。"(第20页)苏霍姆林斯基这样总结道。

六

我抬起头来,阳光下的锦江如镜子一般明净。一只只白鹭掠过水面,激起点点水花，恰如我的心湖，被苏霍姆林斯基的思想激起一圈一圈的涟漪。白鹭们优雅地飞翔着，时而浮在水面，顺水漂流；时而又冲向天空，跃上江边参天大树的枝头。

真想找个人倾泻我心中抑制不住的感动！——教育，竟然应该是如此细腻啊！我们培养的人，本来就应该是拥有如此敏锐心灵的人，这样的人能够通过他人的眼神或脸上细微的表情，洞察其内心的情感。这才是真正富有人性的人！如此细腻的教育，才是真正的教育。

然而，我们现在的教育是何等粗糙？什么"同情心"，什么"用心灵去感受周围的人"，什么"感觉出别人的情绪"，什么"关怀人"……我们的教育，早就没有这些"虚"的东西了！我们关注的，只是"实实在在"的分数！我们所有的教育（如果还算"教育"的话），都是为了分数！我们经常把"务实"二字挂在嘴上，而所谓"务实"在当今中国教育语境中，其全部内涵就是"抓分数"，因为分数才是"硬道理"！

七

于是，在我们的校园里发生这样的事件就毫不奇怪了——

2012 年，广州某县某学校宿舍内，四名女学生对一名新来的插班生进行殴打，周围的学生都在一旁取笑受害者，施暴者还把打人经过用手机录下来发到网上。

2013 年，江西某县九名女大学生将一名女生抓到一块空地上，轮流殴打该女生，还将此过程录成视频发到网络上。

2013 年，浙江一名小学男生被四个同学囚禁在一间黑屋子里进行虐待。

……

写到这里，我很难受，很难受……

我当然知道，这些事件都是极端的，并没有每天发生；如此残忍的学生，也是个别的，并非人人如此。但是，就算是极端的事、个别的人，也是中国教育的耻辱！

何况，没有做出这些令人发指的举动却在日常生活中对身边的人表现出自私、冷漠、毫无爱心与责任感的人，恐怕就绝非个别了。

如果说上述霸凌者还能以法律追究其责任并予以惩处的话，那么对于生活中种种的自私与冷漠，法律却无能为力。

还记得几年前的小悦悦事件吗？如果忘记了的话，可以百度下——

2011 年 10 月 13 日，2 岁的小悦悦（本名王悦）在广东省佛山市南海黄岐广佛五金城相继被两车碾压，7 分钟内，18 名路人路过但都视而不见，漠然而去，最后一名拾荒阿姨陈贤妹上前施以援手，引发网友广泛热议。10 月 21 日，小悦悦经医院全力抢救无效，在 0 时 32 分死亡。10 月 23 日，广东佛山 280 名市民聚集在事发地点悼念"小悦悦"，宣誓"不做冷漠佛山人"。10 月 29 日，没有追悼会和告别仪式，小悦悦遗体在广州市殡仪馆火化，骨灰被带回山东老家。2012 年 9 月 5 日，肇事司机胡军因犯过失致人死亡罪，被判处有期徒刑三年六个月。

制止暴行可以靠法律，但从根上医治冷漠症，还得靠教育。然而，关于同情心的教育，关于关怀人的教育，关于"用心灵感觉别人情绪"的教育，关于"把小孩教得会感觉出他所遇到的人内心沉重、有某种悲痛"的教育……对当下中国教育来说，实在是太缺失了！

虽然我们有太多的"爱祖国、爱人民"的教育——征文比赛、演讲比赛、班会大赛……但我们的一些孩子爱"国"却不爱国人，爱"人民"却不爱人。

对此，苏霍姆林斯基有一句精辟的论断："爱国主义开始于对人的爱。"（第 185 页）

八

想起来是有些悲哀。但捧读《给教师的一百条建议》，我暂时忘却了中国的教育现实，而进入了苏霍姆林斯基所展示的诗一般的教育境界。因为苏霍姆林斯基思想的阳光，我的心还是感到了短暂的舒畅。也许这就叫沉醉吧！

因为这份沉醉，眼前的一切也显出了美好、柔和——身边不远处的草坪上，慵懒地躺着一位父亲，被两个女孩戏弄着。其中一个女孩趴在男子的头上，男子说着什么，女孩咯咯咯咯地笑个不停。远处的台阶上，聚集着许多晒太阳的人。有放风筝的老人，有织毛衣的大妈，有抱孩子的少妇，有依偎着打瞌睡的情侣……在冬日的阳光下，到处散发着人性之美的芬芳与温馨。

虽然是冬天，眼前却如童话——明澈，浪漫，迷人。

因为苏霍姆林斯基的文字，此刻我正置身于童话。

教育，本应如童话般美丽。

我们培养的人，应该如童话一般纯洁。

2010 年 12 月 26 日晚初稿，2020 年 12 月 8 日晚修订

我该不该在盗版书上签名？

2017 年 12 月 1 日，我在贵州铜仁讲学。结束时，一位小伙子走上来给我一本书，说："李老师，这是我买的您的书，请您签个名，好吗？"

我一看，是一本《李镇西和他的学生们》，厚厚的。我是出版过这个书名的书，但我出版的是一套四本的书，什么时候出合订本了？粗略翻了翻，这明显是盗版，而且是粗制滥造的盗版。

那一刻，我踌躇了：签，还是不签？

可以说，几乎没有作者会在盗版书上签名，因为如果在盗版书上签名，意味着认同盗版。

但是，我看小伙子一脸纯朴，人家也是怀着"无比崇敬"的心情请我签名啊！何况，他也不知道这是盗版。

我心软了。最后提笔在扉页上写道——

这是盗版。

李镇西

2016 年 12 月 1 日

我把书递给小伙子，说："你先拿着这本书。我回去找找，如果家里还有这书的正版，我就给你寄去，你再把这本盗版书寄给我，我也做个纪念。好吗？"

回到成都，我还真的找到了《李镇西和他的学生们》的正版书，一套四本。我兑现了自己的诺言，给那位小伙子寄去了。而他那本盗版书，至今还在我家里。

对于盗版，我想绝大多数人是反对的。以卑鄙手段侵犯作者和出版社的权益，这和偷盗甚至抢劫没有区别。有的人贪图"便宜"而喜欢买盗版，这无异于助纣为虐。

想都能想到，个别人会说："既然是好书，为什么不让更多的人读到呢？虽然是盗版，但至少便宜，让经济拮据的读者能够读到您的书，普及了教育理念和经验，也算是献爱心吧！何必那么小气呢？"

记得上次我谴责抄袭我文章的恶劣行为时，有人就是这样批评我"格局太小"的。对此，本来我不想反驳，因为不值一驳，但我还是想从另一个角度说几句——

记得某些西方国家攻击中国的毒箭之一，就是中国"不尊重知识产权，假冒伪劣产品太多"。我认为，中国人最好的回击，就是用行动证明，中华民族是一个诚实、勤劳、不造假、不欺诈的民族。

我年轻时没有盗版书一说。1994年我出版第一本书《青春期悄悄话》后，渐渐听说有盗版书。

1999年我的《爱心与教育》刚出版不久，我去湖南某学校讲学。校长说："我给我们学校150多位老师每人送了一本您的《爱心与教育》，您能否签名？"我一看，全是盗版！因为心软，我还是给每本书签了名。

但我由此更加痛恨盗版书。感同身受，我也不买盗版书。

2019年11月16日，在博鳌教育论坛上，看到自己当年出版的博士论文《民主与教育》成了面目全非的盗版，我异常心痛。按说任何作者都是不愿意给盗版签名的，但这位读者是新网师的学员，算是我的学生。于是，我认真给她签了七个字……

昨天，我到敦煌参加爱心与教育研究会第十一届年会。一位老师拿着《爱心与教育》来请我签名，我一看，又是盗版！我非常难受。尤其是对比同时来请我签名的老师手中的《爱心与教育》，质量差距太大。但和以往一样，我还是给她签了七个字。

我问她："这盗版书是在哪里买的？"

她说了购买平台，并表示，以后再也不买盗版书了。

我跟漓江出版社反映了此事。他们决定追究这家平台的法律责任。我请那位老师把盗版书寄给出版社作为证据，请出版社寄给她一本正版书。

我在心里下定决心：从此以后，坚决不在盗版书上签名了！

以后凡是买盗版书的，都不可能在我这里得到"以假换真"的正版书了。

2022 年 8 月 12 日

演讲与对话

如果一所学校没有特色，就不是好学校吗？

——在中国教育三十人论坛第七届年会上的演讲

各位专家，各位嘉宾，各位朋友：

大家中午好！

现在已经 12 点钟了，我此刻上来有点"不得人心"（众笑），但既然安排了，我还是得讲。

刚才周国平先生讲到互联网和人工智能与教育的关系，我就想到，信息技术可以给教育生态增添积极的新的因素，也可能给教育生态带来消极的东西。比如，有人已经指出，高科技正让应试教育越来越精致。

今年中国教育三十人论坛的主题是"营造教育新生态"，我演讲的题目是：我想办一所没有"特色"的学校。

对我来说，这其实是一个老话题。2012 年初，我在《中国教师报》头版头条上发表了一篇文章，正是这个题目。但近十年过去了，好像这个问题依然存在，所以还有"老调重弹"的必要。

前几天，"中国好教师"评委会让我给获评者写一句话，我写的是："朴素最美，关注人性做真教育；幸福至上，享受童心当好老师。"这句话曾经写在我任校长的成都武侯实验中学的报告厅里。上任之初，我就跟全校老师说："朴素最美，幸福至上。我想办一所没有特色的学校。"

我说："我立志把成都市武侯实验中学办成一所不刻意追求特色，也不着力打造品牌的学校。因为比特色更重要的是孩子们的快乐与成长，比品牌更珍贵的是教师们的尊严与幸福！"

有一次，教育局长来我校视察。我陪着他转校园的时候，他问我："李校长，你们学校有没有什么特色呀？"我回答："没有什么特色啊！"他当时一愣，我解释说："我们学校才办几年，而形成特色是需要长期实践积淀的。再说，我现在也没想那么多什么特色，就想让我们的老师认认真真上好每一堂课，认认真真教好每一个学生，认认真真带好每一个班，我呢，认认真真帮助每一个老师成长，就可以了。"

当时我校创办才三年，如果我硬要迎合领导编"特色"，那不是撒谎吗？

其实我知道，这是一个热衷于谈"特色"的时代。几乎所有学校都在争创"特色"——你弄"书法教育"，我就搞"剪纸教育"；你有"人人都会拉二胡"，我就来个"学阿拉伯语从娃娃抓起"……仅仅增加一门选修课，就叫学校教育的"特色"吗？

当然，也有学校的"特色"不仅仅体现在选修课上，而是在"理念""模式"甚至"培养目标"上都有"创新"，有"突破"，比如"让学生拥有诗意的人生"，比如"312课堂模式"，比如"培养走向世界的现代中国人"……

于是，一种"教育服务"应运而生。某些专家、某些机构专门到学校帮着"提炼""梳理""总结"该校的"特色"，于是很多简洁整齐的句式，夹杂着数字或字母的短语满天飞，比如"教学共生，师生互动""6S教育""五合教学"……

于是，特色打造，成了局长的"炼字大赛"，成了校长的"造句大赛"！

有的学校宣传和标榜的"特色"很难说是"特色"，他们其实把"特色"和"优势"混淆了，大家都在做，但你做得更好，这不叫"特色"，而叫"优势""亮点""强项"。比如，足球呀，篮球呀，陶艺呀，乐队呀，书法呀，舞蹈呀……你是比别人做得好，但这些究竟是"特色"还是优势，或者说叫"亮点""强项"？

那究竟什么是一所学校的特色呢？简单地说，就是"与众不同"甚至"独一无二"之处。

在我们国家，教育方针、办学目标等根本问题上，党和国家已经有明确的规定，各学校是不可能有"特色"的。但在学校管理、课程设置、教学模式、文化传统等方面，办学者完全可以实事求是地展示出自己的个性。注意，我这里说的是"实事求是"。

关键是要真特色！

举几个例子——

青岛三十九中的特色是海洋课程，其课程的确与众不同。这不但和学校的办学理念和教育智慧有关，还和学校所处的地理位置有关。该校面朝大海，而且背靠中国海洋大学，是中国海洋大学的附属中学，其海洋课程就是特色。

成都石室中学，是我国办学历史最悠久的学校。其前身是文翁石室，始创于汉代，是我国最早的地方官办学府。两千多年来，办学没有中断，连校址都没变过。当然，到了清末，它转型为现代学校。我在这个学校工作过五年，一走进去浓郁的历史文化气息扑面而来。这些历史文化氛围体现在学校的建筑上，体现在师生的风貌上，当然也体现在他们的课堂和课程上。由于时间关系，我这里不便展开说。总之，这种厚重的历史文化积淀，在中国所有学校中，是独有的，是该校的特色。

我再举一个新教育实验学校的例子。杭州萧山银河实验小学，我们刚刚在那里搞了一个新教育实验展示活动。一走进校园，我们就能感到这个学校就是和其他学校不一样。比如他们的教师成长模式"吉祥三宝"，比如他们的课程开发，都有自己独到的东西。再比如他们的阅读活动。他们提出"把每一间教室都建成图书馆"，这不只是一句口号，而是有具体的标准。当然，也许有人说，现在哪所学校没有搞阅读呀，这也叫特色吗？是的，单看银河实验小学的每一个行动，似乎都不是独一无二的，但它将每一个行动都做得非常扎实、精致，而且有自己的创意，所有的行动"组装"起来，就形成了这所学校的与众不同，这就是特色。

真特色是如何形成的？

首先，它需要实践。也就是说，特色是学校师生做出来的，而非专家的"梳理""提炼"。同时，它还需要时间，是历史的积淀，瓜熟蒂落，水到渠成，自然而然。

而现在在一些地方，学校刚建成还没开学，教育局就要求申报"特色"，这不是典型的假特色吗？这假特色目前正折腾着学校，破坏着教育良好的生态！好多校长因为学校没有"特色"而在各类评估考核中落后，弄得灰头土脸的，有的校长因此放弃了教育的根本，而加入所谓"争创特色"的洪流中，严重影响了学校正常的教育教学！

有关领导也许会说："我们并没有要求你做假特色来应付，我们要求的是真特色呀！"

好，那么我要问的问题正是：反对假特色，是不是必须有真特色呢？

强迫每一所学校都必须有特色，就是好学校吗？这话也可以反过来问，如果一所学校什么特色都没有，就不是好学校吗？

有一个问题要想透：学校为什么要有特色？

是为了使学校有"方向感"？以一个"特色"为召唤，让大家有前进的方向吗？或者是为了使学校有"凝聚力"？用"特色"将全校师生凝聚在一起？或者是"指挥棒"？用"特色"来调动学校办学的积极性？或者是"竞争性"？通过"特色"和其他学校一争高低？或者是"荣誉心"？让"特色"成为师生的自豪和学校的面子？……

争相展示"特色"，"特色"成了办学的目的，结果教育成了展品，可是教育不是拿来给别人欣赏的！

还有所谓"特色立校"的说法，我一直想不通，难道没有特色，学校就"立"不起来吗？特色应该是办学的成果，而不是办学的条件，究竟是"校显特色"，还是"特色立校"？

我认为，特色属于锦上添花，有当然好，没有也无所谓。

一所教师幸福、学生快乐、师生成长的学校，不是很好吗？没特色有什么关系呢？

我想到了昆明的丑小鸭中学。这个以不适应传统教育的学生为招收对象的学校，校舍朴素甚至有些寒碜，但质朴而洁净。整个学校只有两条标语："办家长放心的学校，做学生依恋的老师。"这可不是口号，而是校长和老师们的行为。关键是，这个校园是属于孩子们的。

这里，我讲一个细节——

我第一次去的时候，走进每一间教室，都看见有这么一个牌子："任何时候校长都会帮助你"，上面还有詹大年校长的手机号、QQ 号、微信号等。第二次再去，牌子没有了，我以为詹校长不堪其扰不得不撤掉了，结果他把他所有的联系方式印在了每一本作业本后面！詹校长真的是把自己"赤身裸体"地交给了孩子。

然而，到现在我没看到这所学校有什么特色。或许有，詹校长还没来得及提炼梳理，但这里的每一个孩子离开时都依依不舍。这样的学校即使没有特色，又有什么关系呢？

今天，詹大年校长也来到了会场。詹校长能不能让大家看看你？（詹校长站起来，全场鼓掌！）

虚假特色和强迫特色是怎样破坏教育生态的？

简单地说，弄虚作假、劳民伤财、污染心灵、扭曲教育。

所谓"弄虚作假"，就是为了"特色"不惜违背起码的教育道德，欺骗领导，欺骗社会。所谓"劳民伤财"，就是为了"特色"耗费大量的人力、物力、财力，许多资金花在了好大喜功的"特色工程"上。所谓"污染心灵"，就是为了"特色"不但大人作假，而且还教孩子作假，配合作假。这不是污染他们纯洁的心灵吗？所谓"扭曲教育"，我就不多解释了。一位校长说："我一天到晚都在琢磨如何让学校有特色，结果没有精力去研究教育本身。"一位校长说："现在，我一听说上面要'特色'，头都大了！"现在校长相当多的时间并没有花在教育上，而花在各种应付上，其中就包括所谓"争创特色"。因此我说，中国教育正被"特色"折腾，如此折腾，教育焉能不被扭曲？

当年陶行知说："千教万教教人求真，千学万学学做真人。"现在不少泛滥成灾的"特色"，离陶行知先生所说的"教人求真""学做真人"相距何止十万八千里？

"特色"泛滥成灾的根源，在于某些教育领导"三观"不正——官僚主义的政绩观，形式主义的质量观，不懂装懂的"教育"观！只有端正了"三观"，杜绝虚假特色，废止强迫特色，中国教育才能恢复其生机勃勃的绿色生态！

和"特色"一样，"品牌"也是不少校长追求的"境界"。

品牌首先是个企业概念，或者说商业概念。一个企业要扩大影响，拓展甚至占领市场，都离不开品牌的打造与推广，所谓"人无我有，人有我优，人优我特"。所以我说，义务教育的学校"打造品牌"，是一种办企业的思路，是面向市场的思维，本质（要害）是吸引（抢夺）优质生源！

注意，我这里说的，仅限于公办义务教育学校而不包括民办学校，也不包括高校和各类职业教育学校。对此，我不多解释。

但我想说，义务教育热衷于面向市场的"品牌"有悖教育均衡与公正！由于追求所谓"品牌"，义务教育学校之间的利益差距——含学校硬件差距和教师待遇差距等，日益悬殊。

一方面高谈"教育均衡"，一方面拼命追求"品牌"，作为主管义务教育的局长和从事义务教育的校长，良知何在？

我还要强调的是，如果说"品牌"的含义是学校文化的魅力、特色课程的影响力……这样的品牌，我认同！有些学校办得很好，课程有特色，校园有童趣，形成了特有的文化和魅力——如果说这是品牌，我是非常赞赏的。因为这里的品牌是为了对内让本校孩子享受更优质的教育，而不是对外挖人家的生源。

这样的品牌只关系着学校的荣誉、教师的尊严和孩子的成长，和挖优质生源没有关系，和占领"市场份额"没有关系，一句话，和任何物质利益没有关系！

结论：只要遵守教育常识，遵循教育特点，走进学生心灵，促进学生成长……即使没有特色，也可以是合格的学校；即使没有品牌，也可以是优质的教育！

我在成都武侯实验中学当了九年校长，我当初"办一所没有特色的学校"的目标实现了吗？卸任时，记者曾经问过我这个问题。我很欣慰地回答说："完全实现了！"

没有特色也没有品牌的武侯实验中学，我认为它依然是一所好学校。

朴素比"特色"更美丽，良心比"品牌"更珍贵。

只要孩子在学校能够享受每一位老师的爱，能够喜欢每一堂课，并且真正获得全面发展，学校没有"特色"，没有"品牌"，又有什么关系呢？

谢谢大家！（掌声）

2020 年 12 月 12 日

教师的解放与孩子的减负

——2021 年在中国教育三十人论坛上的演讲

大家好!

我非常赞同刚才项贤明教授的话:"减负不是目的,培养人才才是目的。"但是,当学生课业负担过重,影响到了培养人才的时候,我们则要减负,只是项教授的提醒非常对,我们永远不要忘了培养人才这个目的。但给孩子减负的前提是教师的解放,所以我今天的演讲主题是:教师的解放与孩子的减负。

每个家庭都面临教育问题,因为只要有孩子,就会关心教育。每个孩子上小学的第一天都是这样一个表情:欢呼雀跃,充满憧憬。很可惜,要不了多久,他们要过这样的生活:做不完的作业,让他们不能有充足的睡眠。可怕的是,久而久之,大家就习惯了,觉得这是应该有的生活,觉得读书就应该这样才是正常的。但是我认为,以牺牲孩子健康和快乐换取优异成绩的教育,无论如何不能说是真正的教育!

党中央、国务院以及我们的高层领导人注意到了这个问题。今年7月,中共中央办公厅、国务院办公厅印发了《关于进一步减轻义务教育阶段学生作业负担和校外培训负担的意见》,由此开启了"双减"。我全身心地拥护中央的"双减"政策!

我之所以拥护,首先还不是从国家层面考虑的,而是出于人的情感,出于对孩子的心疼。我们一代又一代的孩子没有了童年,没有了快乐,没有了健康……空有一个名校的录取通知书有何用？作为他们的父母、老师和长辈，我们于心何忍？人心都是肉长的啊！当然，即使从国家层面来考虑，失去了强健体魄和强劲大脑的未来一代，靠什么去实现中华民族的伟大复兴？中华人民共和国又凭什么屹立于世界强盛国家之林？

我对中央的"双减"政策不但拥护，而且充满信心。我关注到今年党中央、国务院印发的"双减"文件中，有关规定非常细，非常严，非常具体。比如，"教师要认真批改作业，及时做好反馈，加强面批讲解""小学三至六年级书面作业平均完成时间不超过 60 分钟，初中书面作业平均完成时间不超过 90 分钟""初中学校工作日晚上可开设自习班"，让我感慨万千：党中央、国务院把学校教务处的活儿都干了啊！

但是，这次有了党中央亲自过问"学校不得随意增减课时、提高难度、加快进度；降低考试压力，改进考试方法，不得有提前结课备考、违规统考、考题超标、考试排名等行为……"我看到了这次"双减"空前的力度，也可以预见"双减"的成功。我没有理由不充满信心。

接下来，各地教育行政部门纷纷响应。比如，前不久四川省教育厅进一步落实跟进，下发了《关于进一步做好义务教育学校考试和作业管理的通知》，提出"不但要少考，还要降低难度"。所以，我也有这个担心，就是项教授刚才提出的，"双减"是否会影响质量的问题。但是，当务之急是要把难度降下来，减下来。总之，各地教育行政部门都动了起来，也说明这次"双减"的力度很大。

不过我有一个观点，从某种意义上讲，学生的"减负"，意味着教师必然的"增负"。对此可能有的老师不太接受。但我还是要说，没有教师的"增负"，就没有学生的"减负"！这是个常识。为什么这么说呢？因为我们要花时间去研究如何给学生"减负"。只是我们应该思考研究——教师应该有哪些必要甚至必需的"负担"。比如研究学生，研究教学（教材、教法、学法、作业、考试……），这些难道不应该是教师必要的"负担"吗？本职工作啊！还有找学生谈心、逐个家访，以及阅读、写作……

这都是教师应有的"负担"。特别是教师应该加强海量的阅读，没有教师阅读的"增负"，就不会有学生真正的"减负"！

但是，学生减负，其代价不应是教师不合理负担的增加！注意，我这里说的是"不合理负担"。所以，当我们在谈给教师减负的时候，针对的只是教师不合理的负担；就像我们给学生减负，减去的只是过重的课业负担。

那么，教师究竟有哪些不合理的负担呢？四年前，也就是 2017 年，我通过我的微信公众号"镇西茶馆"作过一个调查，发现老师们的许多时间被消耗在非教学工作上：填表格、写材料、迎接检查验收等，还有什么"节水档案""安全交通""食品安全""病媒生物防治"等，有足够精力和时间来完成基本教育任务的仅有十分之一的老师！其他十分之九的老师则要靠挤时间来完成教育教学工作。

那大部分时间是做什么呢？都在做这些事。当然，这里面有的事是应该做的，比如改作业是应该做的，如果说这是负担，那是合理负担；还有处理特殊学生问题也是应该的。但是，比如说参与学校的非教学任务，完成各级各类的检查任务。花了太多时间参与完成各级各类检查任务占的比例达到 68%，这就不正常了。这是四年前我调查的情况。两年后的 2019 年 12 月，中共中央办公厅、国务院办公厅印发《关于减轻中小学教师负担 进一步营造教育教学良好环境的若干意见》，针对教师减负提出了非常具体的要求。

又是两年过去了，情况怎么样呢？

为此，上个星期天，我就是为了赶今天这个演讲，专门以"镇西茶馆"为平台，作了一个为期 3 天的问卷调查，共计收到调查样本 6653 份，其中有效样本为 6653 份，占样本总数的 100%，覆盖了全国 31 个省（自治区、直辖市）。

这次调查获得了许多详实的数据。这里我择要说说。

关于教师负担的来源，从专业类方面来看，教师面临的学生成绩（升学率、平均分、优秀率等）考评、班级管理考评、作业批改和教案检查、教学设计与教学研究考核分别占比为81.21%（多达5403人）、62.81%（多达4179人）、65.83%（多达4380人）以及46.72%。不难看出，学业压力仍然是教师的最大负担。

当然，我认为，教师所感到的专业类的负担，这是教师这个职业应该有的负担，任何职业、任何工作只要认真投入地去做，就会有所谓的"负担"。

来自行政类方面的负担，有"学生沟通"的负担，我认为也是应该的，但非本职的执勤工作则是不应该的。还有事业发展带来的负担，比如职称评定，我认为也是可以理解的负担，有压力嘛！你就是吃这碗饭的嘛！这是应该的。但是社会事务类负担就不正常了，教师的非教育性社会事务与政府部门检查占比90.37%，明显高于家校沟通占比47.71%。还有来自禁毒、交通、消防、防疫等的工作，要求全员参与，人人过关，连家长骑车戴头盔的情况都要老师统计，连家长是否接种疫苗的情况都要班主任统计，这就极不正常了，这是不应该有的负担。

关于"双减"政策对学生的影响，具体从学生作业情况和放学时间两方面进行调查。从作业的数量来看，学生的作业量没有太多变化，"和以前差不多"占比56.74%（有3775人），"明显减少"（43.26%），这是极为值得研究的。"双减"之后，居然还有一多半儿的学生作业负担并没有减少。在学生放学时间以及教师下班时间方面，18:00和20:30成为主要的放学时间，教师下班时间也相对应地集中于18:00~20:30。

这也给作业的质量造成一定影响："学科组已加强对作业的研究，布置的作业质量有明显提升"占比为26.69%（有1776人），"学科组没有太多时间加强作业研究，布置的作业质量有待提升"占比73.31%，多达4877人。可见，"双减"政策下，学生作业数量不但没有减下来，教师对于作业研究的时间也相对较少，作业的质量还有很大提升空间。

"双减"之后，学校提供的课后服务情况，课后作业辅导占了大部分，我个人觉得不太正常，课后服务应该更多的是其他方面，比如说各类兴趣爱好培训。课后作业辅导依旧占据课后服务的主要地位，这是不对的。不过可喜的是，约一半的学校正在努力为学生提供丰富多样的课后服务，如培养学生兴趣爱好的培训或社团。

关于"双减"政策背景下学校为学生提供课后服务在什么时间段进行，调查结果显示，主要是两个时段：一个是延时服务，一个是晚自习。那么，由谁来担任课后服务的负责人呢？主要是语文、数学、英语教师。这还是没有摆脱文化学习的模式，还是为了语数外几个所谓"主科"的学习，当然，其他学科也参与了。

关于"双减"给教师工作带来的变化，选项最多的是工作时间延长，影响个人生活，工作压力增大等。"双减"给教师带来了过重的工作负担，具体体现在哪些方面？课程开发是否更多？选择"课程开发更多"的占比为42.48%，选择"没有变多"的占比为56.85%。学生管理是否更复杂？答案是肯定的，因为不像原来白天上课是一个班，组织社团活动或者分门别类的活动，更多元化了。组织教学是否更难？也是肯定的。不过，我觉得这也是应该有的"负担"，个性化对待，因材施教嘛！

工作量增加与否？工作量肯定增加了，占比为83.93%。问题是增加的是什么，都是些乱七八糟的东西，让老师们无法安心备课，这就不正常了。教师工作时间延长与否？肯定延长了。

关于"双减"实施后家校沟通的具体情况，调查结果显示，家长更焦虑了。因为现在考试难度降低了，评价改为等级制了，也不排名了，家长心里没底了，对孩子的学习成绩更担心了，当然就更焦虑了。因为孩子在校时间延长，教师工作时间延长，家校沟通变得更困难的占比为39.23%。其实，在应试教育的大前提下，许多家长不愿意简单地进行"双减"。

"双减"之下，学生在校时间变长，教师"增负"，家长"减负"，家校沟通的时间也因为教师负担过重而大幅减少。显而易见，家长的责任意识与教育能力也随之下降。长此以往，家庭教育现状堪忧。

"双减"背景下，学校迎检的变化与教师负担变化，是不是减少了？"各项检查有增无减"占比为 76.28%（5075 人），"没有太大变化"占比为 22.10%（1473 人），"各项检查都有减少"占比为 1.62%（105 人），分别来自四川成都、陕西榆林、江西赣州、河南郑州、甘肃张掖、重庆等地。我们真心希望其他各地教育行政部门的各项检查也能随着"双减"的节奏渐渐"减"下来，让教师也能沐浴在阳光下，从容且幸福地成长。

2017 年调查的那些负担并没有减轻，在原有负担依然存在的情况下给学生"双减"，那只有增加教师负担，最后只能牺牲教师。所以，只有解放教师，才能解放孩子！只有减轻已有的不合理负担，才能够真正把减负落到实处。

为此，我有三条建议：

第一，减少种种非教学工作。这是一个呼吁了很久的问题，我今天在这里再次呼吁，一定要减少种种非教学工作的干扰，让老师们能够集中精力做好本职工作。

其实，不许其他非教学工作干扰学校、干扰教师，这是中央有关文件上规定了的。党中央、国务院的文件关于减负都已经明确提出了，关于维护稳定、扫黑除恶都有一定的要求，如果把这些落到实处，老师会减轻许多负担。但为什么做不到？所以我提出，一定要严格执行已有的规定和政策，建立首长责任制，即厅长、局长、校长是第一责任人，违者给予相应的处分。如果减掉这些非教学任务，教师将获得多少从事本职工作的时间？

第二，减少各级各类评估、检查、验收、表格、App……

如果说第一类非教学工作更多的是社会其他部门给学校摊派的话，那么各级各类评估、验收、检查则是我们教育内部自上而下的干扰。本来，中央文件上规定得很清楚，必须减少这些形式主义的东西，但是都没有落实。所以，我还是建议建立首长责任制，违者给予相应的处分！如果大幅度减少这些评比检查，老师会有更多的做好本职工作的时间。

第三，课后延时服务应与社会资源合作。

课后服务主要是安排学生完成作业，自主阅读，参加体育、艺术、科普活动和劳动实践，娱乐游戏，拓展训练，开展社团和兴趣小组活动，观看适宜儿童的影片等。这些事不应该仅仅由学校承担，让老师完成，而应与社会资源合作，如与就近的高校合作，通过大学生志愿者的参与解决教师缺失的问题，也可组织学生到就近的图书馆、少年宫、美术馆等公共文化空间开展学习和实践活动。我去过丹麦，丹麦的中小学生下午放学后都去社区参加各种符合自己兴趣爱好的活动，比如踢球、跳舞、画画……我们也可以借鉴这种做法。比如社区为孩子多提供些这样的服务，所需师资可以向社会招聘。总之，课后服务非常好，但不仅仅应该是学校的事儿。

刚才项教授说了，"减负不是目的，培养人才才是目的"。所以，给教师减负，是为了给孩子减负，最终目的，是为中华民族减负，让教育放飞孩子的心灵，为党育人，为国育才，把健康而富有创造力的可靠接班人和合格建设者奉献给未来的中国！

谢谢大家。

（根据现场速记员记录整理。谢谢速记员！）

2021 年 12 月 4 日

教育应该如童话般美丽

——2021 年博鳌教育论坛跨年演讲

很荣幸能在这样的一个场合通过"教育"迎接新一年的到来。今天我没有带来什么新的东西，主要跟大家分享我的一些教育故事。我想通过这些故事说明，教育其实是一件很好玩的事，而不只是刷题。

我演讲的题目是：教育应该如童话般美丽。

大家看屏幕上这张照片，这是我今年国庆拍的泸沽湖。我认为教育就应该这样纯净、透明。

大家再看苏霍姆林斯基说的一段话："我希望尽可能地充分满足孩子们多种多样的兴趣和企图。换句话说，我希望使孩子们生活和学习得有意思。"这段话看似平淡无奇，但让我思索了很久。他说"我希望尽可能地充分满足孩子们多种多样的兴趣和企图"，咱们的教育满足孩子"多种多样的兴趣和企图"了吗？"换句话说，我希望使孩子们生活和学习得有意思。"这里，苏霍姆林斯基说的是"有意思"，而我们说到教育往往强调的是"有意义"：我们的目标，我们的使命，我们的课程，等等，教育当然要有意义。然而，我们忽略了教育还应该"有意思"。

那么，什么叫作"有意思"呢？按我的理解，所谓"有意思"，就是情趣，就是浪漫，就是妙趣横生，就是如沐春风，就是其乐融融，就是心花怒放，就是欢呼雀跃，就是心灵激荡……这样"有意思"的教育，让学生多年后回忆自己少年时代时，或泪流满面，或怦然心动，而不是除了考试就是排名。

苏霍姆林斯基说："一个好教师意味着什么？首先意味着他热爱孩子，感到跟孩子交往是一种乐趣，相信每个孩子都能够成为一个好人，善于跟他们交朋友，关心孩子的欢乐和悲伤，了解孩子的心灵，时刻都不忘记自己也曾经是个孩子。"说得多好！一个教育者时刻不忘记自己曾经是一个孩子，家长也是一样的，不要忘记自己也曾经是个孩子。教育不仅仅传授知识，还关系着心灵和情感，关系着精神世界。老师和学生、家长和孩子，彼此可以听到对方的呼吸，感受到对方的心跳，这才是教育。

作为不曾忘记自己曾经是孩子的老师，我们应该怎样和孩子一起交往？

我这里讲一个苏霍姆林斯基的故事，这个故事是他在《帕夫雷什中学》里写到的。当时苏联的媒体报道了飞行员的几次远程飞行。在宇航英雄考察探险壮举的鼓舞下，苏霍姆林斯基和孩子们一起，把一座废弃的半坍塌的旧农舍改造布置成了一间类似轮船船舱的教室，他们想象着自己正在一艘海轮上，还给这艘海轮取名叫"北方鲁滨逊号"。苏霍姆林斯基带着孩子们在这里读关于著名探险家的书籍，绘制他们想象中的新发现的地图。这一切，又都融入了他们的游戏。

苏霍姆林斯基这样动情地回忆道："我永远也忘不了那些秋天的夜晚：窗外大风呼啸，雨点敲击着我们海船的'舷窗'玻璃，而我们聚在熊熊燃烧的炉火旁，屏住气息去感受阿蒙森和米克鲁霍·马克莱的奇特传奇故事——跟他们一道在北极的冰山中和赤道的原始森林里艰难地跋涉。冬天，我们堆砌雪屋和冰山——做'契留斯金号'探险队游戏。"

25年过去了，这样浪漫有趣的游戏，又延续在了那间同样的旧农舍里，而孩子们已经是当年孩子的孩子了！

苏霍姆林斯基说："而今，四分之一个世纪之后，还是在那个半坍塌（稍作了修缮但依然特地保留了半坍塌状态）的农舍里，我早年学生的孩子们却又在玩宇航员游戏了。这间'舱室'里依然是一派浪漫主义气氛，漫长的深秋夜晚，室内火炉里依然有木柴烧得噼啪作响。我深信，没有浪漫主义精神，没有家庭式的友爱场合，让孩子们能在那里像我们在'北方鲁滨逊号'那样跟老师呆在一起，就不可能教育孩子。"

两代人在同一个"舱室"里玩同样的游戏，相隔25年，却是同一个老师——苏霍姆林斯基。这本身就是一个教育童话啊！

在《帕夫雷什中学》中，苏霍姆林斯基对自己带着学生去探险有一段描述："少年们夏天想进行'水上旅行'，想乘船经过水库驶入大河，然后登上某个'无人烟'的岛子……我只是现在才意识到，正是我自己使他们产生了这个想法；而当时我觉得，他们产生这个念头跟我给他们讲故事无关。可是我们没有船，于是我从新学年一开始就攒钱，到了春天，我就从渔民那里买来了两条船，家长们又买了一条船，于是我们的小船队便出航了。"

若干年之后，我来到帕夫雷什中学，第一次看见校外这条大河，一想到这就是苏霍姆林斯基当年跟孩子们一起探险的河，就不禁想象，当年一位意气风发的中年校长和一群天真烂漫的孩子，一起划船向远方，这是多么令人神往的教育画面！

这就是教育的浪漫！从一参加教育工作开始，我就学习苏霍姆林斯基，追求教育的"有意思"，希望自己的教育"好玩儿"。

大家看这一组照片，这是20世纪80年代我和学生水乳交融的交往。

刚工作的那几年，每年春节，我都和他们一块儿在山坡上游戏，跟他们一起留下了难忘的记忆，现在他们已经50多岁了，想起当年，就想起我们在天地间奔跑，想起风筝在蓝天写诗。我认为我们的教育应该这样。这张照片是当年李老师的泳装照，我和孩子一起在泳池边拍的；这张照片，是我把我的高二学生带到峨眉山，在雪地上躺成"一班"二字；这是我和学生在原始森林探险，在野外跟学生比赛，在公园的竹林中捉迷藏；这是我把语文课搬到油菜花地里上；这是几年前我和孩子们比赛做鬼脸……我从一个小伙子变成中年人，直到退休，我的教育都是这样的色彩，这也是教育应有的色彩。在这样的教育中，师生之间自然而然会产生真诚的情感，彼此依恋。

这是20多年前的照片。当时，我要出差三个月，学生舍不得我走，把我送到火车站，拉着我的手，依依不舍。我没有想到的是，火车开动了，先是开得比较慢，他们慢慢跟着火车跑，一边跑一边喊："李老师再见！"渐渐地，火车越开越快，他们也越跑越快，有的学生已经流下眼泪，还在大声喊"李老师再见"……当时一起送我的徐萍老师拿出相机把这一幕抓拍了下来。

20多年来，每次看到这张照片，我就感慨：世界上也只有教师才有这样充满人情味儿的职业享受！没有这样的心灵相通，没有这样的情感交流，就不是完整的教育。

我想起苏霍姆林斯基所说的一句话："随着岁月的流逝，我愈加坚定了一个信念——对孩子的依恋之情，这是教育修养中起决定作用的一种品质。"而当下的教育是不是少了一些这样的品质？

上周我的微信公众号"镇西茶馆"上的一个留言让我非常感动。留言者没有我的微信，他是在"镇西茶馆"后台留言的："敬爱的李老师，您好！我是玉林中学初九八级五班的孙波，可能您不记得我了，我应该是您教过最差的学生了。虽然您教我们时间不长（如果不是学校突然换班主任，一直是您教我，我中学毕业应该没问题），但您是我一生中遇到过最最好的老师。感谢您当年为我们几个'差生'操碎了心，我还记得当年您跟我们几个说，只要我们这段时间表现好就找个周末带我们去玩一天。到了那天您真的带我们去了，后来才知道您女儿晴雁还在发烧，但您承诺了我们的事，我们做到了，您不管什么也要做到。这件事我一生都不会忘记，您对我们这些'差生'的好我一生不会忘记。我当年生日您送我的同学录我也一直珍藏着。最后真心祝您身体健康，长命百岁，感谢！"

他还在后台发了一些照片。大家看看这些照片，这就是孙波。当时的确是相当糟糕的孩子。不只他一个，班上有一群特别让我操心的孩子。孙波还拍了我当时送他的生日礼物的照片，还有我为他写的字："孙波：祝你生日快乐，愿你早点懂事，少让老师操心。你的朋友李镇西，1996年10月13日。"看到我当年写的字，还被他保存得这么好，我真的热泪盈眶。我回复他就一句话："快加微信！"他当年成绩不好，表现也不好，然而我们同样收获了幸福的回忆。不过他现在做工程，也很有出息。

这是孙波发来的一组照片。这一群孩子虽然当时的确非常不好，但他们却对我非常好。看照片上，是他们和我一起跳蹦蹦床。看，孙波跳起来，多快乐！这张照片是我和他们一起吃饭。当时他们表现好，我请他们吃饭，大家都很开心。我们的教育有这样幸福的记忆！从某种意义上说，这样的记忆，也是我们的教育成功的标志之一。

我刚才说了，教育应该是童话，这个"童话"不仅仅是师生交往的童话，还包括教师帮助学生编织自己的人生童话，乃至缔造不朽的传奇！

上周我请李希贵到我的工作站为老师们讲课，他说了一句话："找到孩子可以伟大的地方，帮助他们在通往伟大的道路上行走。"当然，这个"伟大"的标志不只有一个，不要以为只有学生考清华、北大才会通向"伟大"，我们要帮助孩子找到他自己的"伟大"之处。

我曾同时教过成绩最好的学生和最差的学生，同时担任这两个班的班主任和语文教师，共131个学生。在当年一些老师眼中，那成绩最差的学生用今天的话来说，就是"学渣"，将来做什么都将一事无成。是这样的吗？26年过去了，我们看看结果。

照片上这个孩子是张凌，跟孙波是同班同学，当时一批所谓"差生"都集中在我班上。张凌成绩差得很，每次考试几乎都是倒数第一，分数往往是个位数。他的表现也很让我头疼，几乎每天都违纪。就是这样的一个学生，初中没有毕业就辍学了，但他常常给我写信，舍不得离开我。他喜欢踢球，后来去了沈阳足球学校，他读完足球学校来看我，明显懂事多了，后来成为一名球员，还应聘去日本踢球，而且在日本还当了好几家足球俱乐部的教练。之后回国，现在是四川省足球队的教练。去年我为了写他，专门去看他训练球员。当时我感慨万千，当年的一个小不点，如今尽显大将风范。

他的成长不就是一部传奇吗？当年谁想得到呢？关键是我们的教育要让每个人看到自己独一无二的伟大之处，并因此自豪。

苏霍姆林斯基说："共产主义教育的英明和真正的人道精神就在于：要在每一个人（毫无例外的是每一个人）的身上发现他那独一无二的创造性劳动的源泉，帮助每一个人打开眼界看到自己，使他看见、理解和感觉到自己身上的人类自豪感的火花，从而成为一个精神上坚强的人，成为维护自己尊严的不可战胜的战士。……人的充分表现，这既是社会的幸福，也是个人的幸福。"

咱们再看一个女生宋怡然，是张凌的同班同学。当年她腼腆、内向、自卑，但我不断鼓励她。她说她在我班上第一次得到全班的表扬，她手抄报办得好，我叫全班同学向她学习。她也喜欢踢球，这是我陪她踢球的照片。

现在，宋怡然是美国一名摇滚歌手，自己作词、作曲、开演唱会。她用20多年的时间缔造了自己的传奇，编织了自己的童话。

在《关于和谐的教育的一些想法》中，苏霍姆林斯基这样写道："不要让上课、评分成为人的精神生活的唯一的、吞没一切的活动领域。如果说一个人只是在分数上表现自己，那么就可以毫不夸张地说，他等于根本没有表现自己。"教育不就是这样的吗？只能让孩子在分数上表现自己的"伟大"，因此中国教育就剩下两个字：刷题。

这是王燕青。当年是一个普通的女生，现在是很优秀的空姐。这也是当年我们没有想到的。让我自豪的是，我有许多学生在空中工作，有空姐，有飞行员，还有空保。有一年我写这批学生，用了一个非常得意的标题：桃李满天上。（掌声）

咱们再看当年成绩最优秀的那个班的孩子。这个叫吴镝，当年成绩优秀得不得了，后来拿到北大硕士文凭，当上了飞行员，还担任机长。有一年，他还代表国航参加小提琴大赛拿了冠军。他同样创作了自己人生的童话。

有一年，这一批学生来看我，大家聚会时，我发现他们个个都很成功，有飞行员，有教师，有医生，有公务员，有钢琴师……他们编织了自己的童话，缔造了自己的传奇。无论从事什么职业，他们首先是一个人。

我再次想起苏霍姆林斯基的话："请记住，远不是你所有的学生都会成为工程师、医生、科学家和艺术家，可是所有的人都要成为父亲和母亲、丈夫和妻子。假如学校按照重要程度提出一项教育任务的话，那么放在首位的是培养人，培养丈夫、妻子、母亲、父亲，而放在第二位的，才是培养未来的工程师或医生。"

常言道："十年树人，百年树木。"大家看这张照片，这是1996年3月26日的照片。那天，我和我带的两个班的学生一起来到成都市的锦江边。我们要在岸边植树。我和我的学生在这里种下了大概两百米长的银杏树和女贞树。当时，孩子们没想那么多，就觉得好玩儿，有意思，而我却想到了将来，想到了10年、20年、30年以后。如今，25年过去了，大家看照片，现在这里是成都最美丽的一道风景，每年11月下旬到12月上旬，这里满目金黄，遍地锦绣！

当年，孩子们还不仅仅是种树，种树之后，他们还经常去护理。有一次，他们发现有些树被人损坏了，还在《成都日报》上面发表文章呼吁大家爱护树木。在这件事上，"树人"与"树木"完美地结合在了一起。当年植树的孩子们，现在都当爸爸妈妈了。他们经常带孩子去看，并会跟孩子说："这是当年爸爸（或妈妈）和李老师一起植的树！"

我和我的学生为城市增添了一片美丽，这些树伴着他们长大。树在长大，孩子们也在长大，这本身就是教育的一个童话。

大家再看这张照片。这女孩叫郑姝，也是当年植树的孩子之一。这是她当时刚在运动会上拿了奖和我的合影。这张是现在的照片，她也跟她的运动会获奖后的学生拿着奖状合影。郑姝现在是中学英语教师。上个月，她请我到她班上讲课。我去跟她的学生讲："让人们因我的存在而感到幸福！"

我看到她的教室墙上也有这句话，这句话是当年我们班的班训。现在当了教师的郑姝也把这句话作为他们班的班训，这就是传承。这是当年我和郑姝那个班学生的合影，这是现在郑姝和她的学生的合影，同样是在银杏树下面。教育不正是如童话般的美丽吗？

别说教育童话做不到，不，我的理想完全变成了现实。关键看教师本人是不是一直保持着孩子般的童心，也就是我们的教育初心，就是纯真的教育理想主义情怀。

接下来，我讲讲我当校长又是怎么编织童话的。我始终认为孩子读书三年，初中或者高中，在学校至少应该有一个彻夜狂欢、终生难忘的晚上。一般来说，学校的毕业典礼都在学校礼堂或操场举行，程序大多是校长讲话、老师代表讲话、学生代表讲话、送母校礼物，再表演点节目，完了。我当校长时就对老师们说，我们的毕业典礼不要这样搞，我们把孩子们拉到30公里外的半山腰搞活动。

傍晚到达后先吃饭，一个年级一千人，就摆上一百张饭桌，那个场面多热闹！席间师生互致祝福，非常自然。大家看，照片上，学生端着饮料向老师表示感谢，老师叮咛孩子们。

这个女孩子患有白化病，曾经很自卑，但在老师的关怀引导和鼓励下，非常阳光自信，这是她来给我敬饮料。

晚餐结束，夜幕降临了，我们点起篝火。

渐渐地，民航飞机在空中为我们助阵——我们那里离双流机场很近，刚好有许多飞机从我们上空飞过，增添情趣。我要上场了，但我上场不是以校长的身份致辞，而是以歌星，不，是以"天王巨星"的身份出场，一边挥手一边喊："歌迷们，大家好吗？"说话语速要快，让你听不清楚，而且要用反问句，这就是歌星出场的派头。

下面的孩子们欢呼起来，真的像是在欢呼歌星出场。我唱到一半，便走到孩子们中间，一边唱一边与"歌迷"们握手，这就更像"天王巨星"了！

整个场面欢声雷动。大家看照片，这样的夜晚是不是让孩子们终生难忘？这就是教育的浪漫，这就是教育的妙趣横生。接下来是孩子们的表演，还有老师的表演。有的老师跳舞非常专业，当然，也有不专业的老师，那就唱歌吧，反正唱跑调就当对原作的改编，是一种"再创造"。呵呵！

最后，全校同学涌上前去，给每一位老师系上象征感恩的蓝丝带。你看，这位老师脸上都是笑容，其实眼睛里面是激动的泪水。这张照片上，是一个学生在给我系丝带。

最后这张照片展示的是一幅书法："让人们因我的存在而感到幸福！"这是我们的校训，落款是"2015届全体同学"，这是全年级每个人的红色手印组成的字。

2013年，我们学校十年校庆时我做了一件事。我建议，向全校师生征集物件，只要体现学校生活的东西都可以，比如说"三好学生"的证书、红领巾、作业本，还有老师用过的教材、备课本，或他们的获奖证书复印件等，然后将这些东西装在一个罐子里面，抽成真空密封后埋在学校花园的地下。我们打算埋90年，十年校庆埋下去，百年校庆再挖出来，给百年校庆的师生展示今天的学校生活。这是一个多么浪漫的童话！

后来，我们在埋藏的地方建了一个亭子，叫"校庆亭"。旁边放了一块巨石，我写了几句话简单交代缘由，作为"校庆亭铭记"——

校龄十年，历史一瞬。

日月同行，风雨兼程。

践行常识，恪守良知。

师生互爱，亦亲亦敬。

教学相长，如切如磋。

朴素最美，幸福至上。

图文并茂，深埋在此。

影像俱佳，珍藏于斯。

教书育人，记载今日。

传薪续火，勖勉来者。

校长李镇西撰铭

公元 2013 年 12 月 31 日

　　埋藏的罐子里有一封学生写给未来的信，还有一封我写的信。写的什么呢？再过 80 多年，百年校庆的时候挖出来就知道了，到时候欢迎在座各位去看一看。（众大笑）

　　我开玩笑的。其实这封信网上都有的，大家看看——

写给百年校庆

2013 年的孩子们，老师们：

　　今天，是 2013 年 12 月 31 日，我提前九十年给你们写信，祝贺成都市武侯实验中学建校一百周年。

　　隔着遥远的时光给你们写信，我庄严而激动。

　　你们是九十年后的学生和老师，我是现在的校长。因为"武侯实验中学"，我们便穿越时间隧道而心灵相通。

　　在成都市武侯实验中学百年校庆的日子里，你们手捧我们今天留给你们的"文物"，会看到学校曾经的足迹，会闻到今天我们青春的气息，会听到我们对你们真诚的祝福！你们或许会怦然心动，并发出种种感慨……

　　我相信，未来九十年，世界会有许多我不可思议的变化，中国会有许多我无法预料的进步，学校也会有许多我难以想象的发展。但武侯实验中学的精神——"让人们因我的存在而感到幸福"依然会温暖着我们的校园，并照亮每一个人的心房。

茫茫人海，悠悠岁月。我们偶然来到这个世界，偶然来到这个学校，延续着前人的历史创造着历史，几十年后我们又走进历史。天地之间，我们每一个人都是匆匆过客，但当我们的生命流淌进武侯实验中学的时候，我们给学校留下了什么？这是世世代代武侯实验中学的师生永恒的思考。

我的回答是，给学校的未来留下充满人性的温馨记忆。

不必用堆叠的荣誉来证明教师的成功，教师的光荣就印在历届学生的记忆里。

我在历史的深处注视着你们。

李镇西

2013 年 12 月 31 日

于十年校庆之际

我相信，等到百年校庆时，那时候武侯实验中学的师生捧着这些文物，必然想象着百年前的学校师生，浮想联翩，感慨万千。

我最后给大家讲一个故事：未来班，永远没有结尾的童话。

这是我大学毕业的照片。当时这个意气风发的小伙子就在想，既然当老师，那就要想想怎样才快乐，怎样把这个班带得有意思，怎样才让学生觉得"好玩儿"。那时候，没有校长下达任务，我就按自己的想法干了起来。我和孩子们把我们班命名为"未来班"，我们还设计了班徽和班旗。大家看，这个班徽看上去很陈旧了，但当年刚制作出来的时候，是亮闪闪的呢！还有我们的班旗，大家看照片，每次出去活动，只有我们班打着班旗，学生们非常开心，也很自豪，其他班的孩子们特别羡慕。这就是浪漫，这就是童话！大家看照片左上角这个小伙子就是当年的我，他脸上的笑容多么纯真！这就是初心。

还有我们的班歌。每一个同学都写歌词，然后我修改，本来我想请学校音乐老师谱曲，但同学们想请著名作曲家谷建芬阿姨谱曲，因为当时的音乐教材里有谷阿姨的歌，他们非常喜欢。再说，那个年代，一首《年轻的朋友来相会》风靡中国大地，大家都很崇拜谷建芬老师。

后来，每一个同学都给谷阿姨写了一封信，我也写了一封信，一起装在信封里。但在寄信时才意识到，这信不知道往哪里寄，我们谁都不认识谷建芬老师啊！当时我订了《歌曲》杂志，这个杂志是中国音乐家协会的机关刊物，我就想中国音乐家协会肯定知道著名作曲家谷建芬在哪里的。于是，我就在信封上写了"北京《歌曲》杂志部转谷建芬同志收"。过了十来天，我们就收到谷建芬老师的回信了。信封里装了两封信，一封给我，一封给孩子们。在给我的信中，谷老师一开头就说："正因为我们写得太少了，所以孩子们才要歌唱，这难道不是对我们的意见吗？""我常常是忙了东头顾不了西头，忙了大人的忘记了孩子，这很不应该"……如此自责，让我感动。这就是那一代艺术家！给孩子们的信中，依然是道歉，一就没及时回信道歉，二就孩子们没歌唱道歉，然后答应为我们谱曲。讲到这里，我实在是无法用语言表达我对谷建芬老师的敬意，我只想问，这样的艺术家现在还有多少？

不久，谷建芬老师把歌谱《唱着歌儿向未来》寄来了。我马上教学生唱，我会吹口琴，就用口琴伴奏教他们。后来参加学校歌咏比赛，我担任指挥，孩子们演唱《唱着歌儿向未来》，获得了一等奖。

我们听听视频。这就是我们的班歌。（掌声）后来，孩子们把奖状给谷阿姨寄去，不久又收到她的回信。回信不长，但三分之二的篇幅写的是孩子们的名字。谷建芬老师把每个孩子的名字都写上，以表达对每个孩子的尊重。信中说：给你们寄去51个文具盒，每人一个，东西虽小，但做个友谊的纪念吧！收到这封回信和文具盒，我们感动得不知说什么好！

后来，她时不时来信关心孩子们的学习。这是未来班毕业前收到的谷阿姨的最后一封信。她勉励孩子们正确对待升学考试，无论是否考上高中，都要保持人生的理想。唉，现在这样的艺术家真的很少了。

1984 年 7 月，这个班毕业之后我来到北京，当面感谢谷老师。这是她送我的黑白照片，背面有她的签名。很遗憾，当时没有跟她合影。

弥补上这个遗憾是 19 年以后的 2003 年 10 月，那时我工作 20 多年，她已经 68 岁，退休了。

我告诉谷老师，她为我们谱曲的那首班歌，我现在的学生还在唱。在未来班学生聚会时，年近半百的学生唱起班歌依然意气风发，激情澎湃。

2017 年春节期间，我和未来班的学生再一次聚会。我说："时间过得真快，明年我退休了，可我至今还能想起第一次给你们上课的情景，我给你们上的第一节课，是讲《卖炭翁》。"学生们便说："李老师，能不能在退休前再给我们上一次课？"这个建议点亮了我的心，太棒了！第一次给他们上课，他们十一二岁，天真烂漫，我 23 岁，风华正茂；现在，他们已经年近半百，我也即将退休。但我们一起重返青春的现场。

于是，2018 年 8 月，我特意回到我工作的第一个学校乐山一中，给我的第一个班和在乐山的其他年级的学生上了退休前的"最后一课"。本来只有 180 个座位的阶梯教室，挤满 400 多人。距离最远的学生是照片上这位穿浅蓝色旗袍的女生，她现在在德国一所大学教书，专程赶回来听我的"最后一课"。听课的，不只是我的学生，还有一些学生的爸爸妈妈和孩子——一家三代来听我的课。

我讲了一篇当年给他们讲过的课文《一碗清汤荞麦面》，重温当年的感动。我还带了很多已经堪称"文物"的资料，比如我给他们读过的第一本长篇小说《青春万岁》，我用过的第一本教材，我的备课本，还有我的班主任工作日记。大家看这张照片，这是已经不再年轻的学生正凝神听课的情景。每双眼睛看着我，都那么清澈，宛如一颗颗明亮的星星。当老师有一个特点，只要我们站在讲台上，下面每一双眼睛凝视着我们，这就是属于我们老师自己的星辰大海！拥有这片星辰大海，就是当老师特有的幸福。

下课时间到了，全体起立，但不是说"老师再见"，而是唱响了 38 年前的班歌《唱着歌儿向未来》。那个场面，的确令人激动。

后来，我给谷建芬老师打电话，说我一直有一个愿望，想带着我的学生去看她，当着她的面唱一下她当年为我们谱曲的班歌，而且请她为我们伴奏。谷老师非常高兴，她说欢迎欢迎。我说："感谢您啊，谷老师！您和我还有我的学生一起编织了一部延续了38年的童话，这个童话没有结尾！"

今年12月5日，我带着我不同年级的七个学生，一起去了谷老师家里。

我的这七个学生，最大的52岁，最小的20岁，两代学生啊！我们走进谷老师的客厅，我说："谷老师好！"后面五个学生说："谷阿姨好！"最后两个孩子说："谷奶奶好！"谷老师特别开心。

我把珍藏的谷老师写给我和学生的部分信件给她看。我说："当年我一个毛头小伙子，和您素不相识，您居然就给我们的班歌谱曲了。您影响了我后来的教育，因为我想，谷建芬老师和我的学生本来没有关系，却那么爱他们，那我靠教这些学生吃饭，有什么理由不好好教书呢？"

我们为谷老师唱班歌。为了还原当年的情景，我用口琴伴奏，学生们便对着谷建芬老师唱了起来。谷老师坐着听，听着听着，情不自禁地为我们指挥。大家看视频。（播放视频）

口琴伴唱之后，是谷老师的钢琴伴唱。谷老师坐在钢琴前，我们围在她身旁，在她弹奏的钢琴声中唱《唱着歌儿向未来》。（播放视频）

最后，谷老师意犹未尽，弹起了她的代表作《今天是你的生日，我的中国》。我们在她的伴奏下，唱起了这首非常熟悉的歌。虽然非常熟悉，但第一次由曲作者为我们伴奏，我们唱得特别动情。

这就是如童话般美丽的我的教育故事，这就是教育本来应有的浪漫色彩，这就是教育应有的"有意思"。

我们每一个教育者都应问自己：我是否给孩子留下了一生温馨的记忆？

谢谢大家！

（根据现场速记稿整理充实。）

2021年12月31日下午

我对岁月说：只想让教育成为教育本来的样子

——答"大夏书系"

问：在你的职业生涯中，你遇到的最大困难是什么？又是如何面对、解决的？

答：最大的困难是，年轻时自己理想的教育与当时的现实发生冲突：我要搞教改，老教师要我"先学走，再学跑"；我把学生带到油菜花地里上语文课，校长说"乱弹琴"；周末我带学生去玩儿，假期带学生去原始森林探险，学校给我处分……当时，提干没有我，入党没有我，评先进没有我，但因为我班带得好，课上得好，学生喜欢，家长拥护，所以我得以始终守着教室，一直屹立于讲台。当时，我想通了，大不了不提干、不当先进……幸福比优秀更重要！而所谓"幸福"，对我来说就八个字：心灵自由，职业快乐。我就这么"执迷不悟"地坚持着，十几二十年之后，我已经换了学校，而当年的领导请我回去作报告，同事们都说："你提前了好多年搞素质教育！"

问：最难忘的一节课（或成或败或得或失）是？

答：对我来说，最难忘的不是一节课，而是两节课。

1985 年 9 月的一个星期天，我把学生召集到学校里，为第二天的公开课《我的老师》作最后的准备。

按说，我已经准备得相当充分了：我在另外一个班已经试讲过一次，讲完后教研组全体老师又帮我进一步雕琢、打磨，现在连每一个环节所需要的时间都已精确到了"秒"并写进教案；学生早已在两个星期前就进行了充分的预习，充分到差不多每一道课后练习的答案都已经烂熟于心了；为了保证课堂气氛的活跃，我事先安排了几个学生重点准备。

为了确保"万无一失"，我在上课的前一天，仍然把学生叫到学校，进行"有针对性的预习"。我还特意对全班学生说："明天上课大家不要紧张，大家一定要展示我们学校、我们班的风采。老师提问时，大家一定要都举手，别怕，反正我要抽谁都已经是确定了的。"

是啊，从教三年多，我第一次在全市"崭露头角"。我感到荣幸，更感到压力：事关面子和荣誉，绝不能"砸锅"！

第二天上课时，我走进教室，面对坐得规规矩矩的学生和后面黑压压的听课老师、专家，我稍一定神，便开始以一段背得滚瓜烂熟的"朗诵"导入课文。一切都按"程序"进行：学生朗读之后是教师范读，然后是字词讲解、段落划分……

该学生提问了。学生们果然很"乖"地举起了手。教室里手臂如林，一派"生机勃勃"的喜人景象。然而，我很快失望了，因为在林立的手臂中恰恰没有我最盼望的那只手臂——我事先安排提问的课代表，竟然没有举手！我要他提的问题实在太关键了："作者为何要写蔡老师七件事？能不能少写几件？"如果这个问题提出来，我就可以"顺势"引导学生讨论。

怎么办？我自己把这个问题提出来吗？不行，那还怎么叫"以学生为主体"？

突然，我急中生智，对学生们说："嗬！这么多同学举手啊！可我抽谁呢？"我装出很为难的样子，然后又作出终于下定决心的表情："这样吧，大家把问题写在纸条上，交上来好不好？"

两分钟之后，我一一展开纸条念了起来。我暗中拿起一张白纸，煞有介事地念道："作者为何要写蔡老师七件事？能不能少写几件呢？"

我说："这些问题提得都很好，说明大家很会动脑筋。特别是这最后一个问题直接涉及课文的写法。大家就先围绕这个问题讨论吧。"终于化险为夷，我为自己的"教学机智"暗暗得意。

接下来的课就上得相当顺利了。最后，这堂公开课在学生们《每当我走过老师窗前》的歌声中结束了——那时候的公开课就是这么做作。

随后的评课自然听到不少令我喜滋滋、飘飘然的好话："语言干净而富有感染力""学生的思维非常活跃""真正做到了以学生为主体""真是一次享受"，等等。

后来我读陶行知，他给我"真教育"的叮咛；读叶圣陶，他给我"文当然要作的，但是要紧的在乎做人"的提醒；读苏霍姆林斯基，他给我"教育，这首先是人学"的忠告。

我开始问自己：教师在公开课（其实，哪里仅仅是公开课？）上为了自己教学的"完美"而无视学生的精神自由，让学生成为自己表演的道具，这样的教育难道是我们应该提倡的吗？

在学生的心灵与评委、专家的"好评"之间，我应该选择什么？

后来，我多次在文章中抨击语文教育中教师以"引导"为名而一步步俘虏学生的思想，以"主导"为名充当学生心灵世界的精神专制主宰者，这些实际上都是对自己教育的反思。

1998 年 5 月，我去天津参加全国性赛课活动，执教《在马克思墓前的讲话》。

赛课的头天晚上，我的内心展开了激烈的斗争：是上一堂"无懈可击"而受到"广泛好评"的课，还是上一堂可能会引起争议但真正尊重学生的课？那年，我满 40 岁，已经得过省赛课一等奖了；如果能抓住这最后一次机会拿个全国一等奖，岂不"功德圆满"？

但我不甘心放弃个性。我一下想到了十几年前那堂"成功"的公开课：如果仅仅是为了获奖而又上成"表演课"，那这十几年的思考与探索，岂不付诸东流？那个朴素的问题再次涌上心头——

在学生的心灵与评委、专家的"好评"之间，我应该选择什么？

最后，我告诫自己：绝不能以束缚学生心灵为代价，换取赛课的奖杯！

在第二天的课堂上，我一开始就对学生说："听说同学们已经学过这篇文章了，那么，重新学习，你们会不会有新的发现呢？我建议我们今天以一种新的方式来学习这篇课文，争取有新的发现和新的收获。用什么'新方法'呢？用马克思的精神来学习有关马克思的这篇文章。马克思的什么精神呢？"我在黑板上写下一句马克思的座右铭："思考一切。"

这堂课，我完全放开，让学生自由提问，然后组织学生讨论，我也以平等的一员参与其中。一切都不是我预设的，但一切都是学生的心灵所真正需要的。学生不知不觉地进入了思考的王国，燃起了思考的火焰，展开了思想的碰撞。

快下课的时候，有个学生问了这样一个问题："恩格斯为什么要说'他的英名和事业将永垂不朽'？为什么要用一个'将'字呢？"

我让学生围绕这个问题展开讨论，最后多数学生认为，马克思当时所处的环境是资本主义社会，相对来说，社会主义社会和共产主义社会还比较遥远，因此，恩格斯认为马克思的事业"将"永垂不朽，就是说共产主义事业的胜利可能是将来的事。

但是，这个学生继续追问："社会主义国家的生命还不是太长，到现在为止，世界上只有几个国家在坚持高举社会主义大旗。如果'永垂不朽'说的是马克思的共产主义事业，那么，我想问，苏联的解体和东欧剧变，是不是说明马克思的事业出现了什么问题？这又怎么理解恩格斯所说的'永垂不朽'？"

这个问题显然超出了语文教学的范围，而且是我事先没有想到的。我完全可以圆滑地绕过去，但面对学生的心灵，我不能这样做！

我继续把这个问题抛给学生，让学生发表看法，他们讨论得非常热烈。最后，我坦然发表了我的看法：从参加马克思葬礼的十几个人到20

世纪席卷全球的共产主义运动，从 20 年前关于真理标准的大讨论到社会主义市场经济的提出，从苏联解体、东欧剧变到中国改革开放的蓬勃生机，从《共产党宣言》不朽的生命力到当代马克思主义邓小平理论的诞生……苏联的解体并不是马克思主义的失败，而是把马克思主义教条化的所谓社会主义模式的终结。中国的社会主义，正以自己的发展证明着马克思所开创的人类美好事业的永垂不朽。如果说《共产党宣言》是人类新纪元的宣言，那么，党的十五大报告则是新世纪宣言。这是马克思主义不朽的一个象征，更是马克思主义蓬勃发展的一个里程碑！如果马克思、恩格斯今天能在这世纪之交亲眼看着自己所创立的科学理论被中国人民的实践注入新的活力而蓬勃发展，那该多好啊！

最后，我问那位学生："你觉得我说的观点有道理吗？"

那位学生真诚地回答道："您说得有道理。您的话使我想起了邓小平说过的一句话，大意是只要中国人民坚持社会主义，那么世界上就有五分之一的人在坚持社会主义，社会主义的生命力就不会消失。"

……

正如我预料的，这堂课果然遭到了专家评委的批评："这堂课教师的主导作用何在？"我自然没有评上一等奖，而"荣获"了二等奖——那一次，所有参赛选手至少都是二等奖。

从教以来，我多次上公开课，唯有这两次公开课印象最深。有意思的是，当年上《我的老师》，评课者一致好评，学生却不买账；十多年后上《在马克思墓前的讲话》，引起专家和老师们的争议，却受到学生欢迎。不能说学生的感受与专家的评价是绝对对立的；但当二者不太统一的时候，教师的选择便折射出其教育观。这两次公开课都促使我思考语文课堂上的师生关系，并带动了我对整个语文教育的探索。

思考的核心仍是那个朴素的问题——

在学生的心灵与评委、专家的"好评"之间，我应该选择什么？

问： 回想过去，如果有一件事情可以不做，那是什么？

答： 当老师时，按校长的吩咐，为迎接"验收"而教学生弄虚作假。

很多年前，我任教的学校要迎接上级的一次大规模检查。这次检查决定学校的地位与荣誉，所以，学校上上下下都极为重视。这种"重视"的具体表现便是认认真真地造假。

检查团还有几天才到学校，但学校已经从提前拿到手的纷繁复杂的检查项目表中发现，有一项是检查学校各班是否开设了健康教育课。本来，在激烈的应试教育背景下，这种课多半是不会开设的——不光我校，其他学校也是如此；但现在检查项目中居然有这门课！如果检查团发现我校没有开这门课，会扣许多分。怎么办？于是，学校决定马上"开设"健康教育课。

政教处火速召开班主任会，要求各班主任回到教室里，立刻把教室墙壁上课表中的"自习"改成"健康教育课"。（当然，实际上是重新贴出经过修改的课表。）

可是，这次检查团是非常"认真"的：人家不但看课表，还要随机抽查学生，让学生说说健康教育课的内容。这样一来，简单地改课表是远远不够的！

于是，教导处又召集班主任开会，要求我们在班上找五名成绩最好（当然，记性也是最好）的学生突击背诵健康教育教材上的内容。主任特别强调："这几天，这些学生各科的作业都不必做，他们唯一的作业就是背健康教育内容，一定要滚瓜烂熟！"

但人家是随机抽查呀！如何能保证抽到的学生恰好是有准备的学生呢？

这好办——指鹿为马！反正检查团也不认识学生，如果抽到没有准备的张三，班主任就叫有准备的李四去。这不就行了？

我们都齐声称"妙"！我回到班上，按学校要求指定了五名学生，以"热爱学校""维护学校荣誉"的神圣理由，要求他们像背唐诗宋词一样背诵"佝偻病的起因"等。

然而，正当我们陶醉在"下有对策"的喜悦中时，突然又听说人家这次要来"真格的"——不但抽查学生，还要看被抽查者的学生证，对着照片验证学生！

这下我傻眼了！然而，有人献计："到时候利用时间差来个调包计！"

如何"调包"？且看迎接检查那一天我的"绝妙表演"。当然，每一位班主任都是这样表演的，导演则是我们英明的领导——

检查团成员在学校办公室按各班名单划定抽查对象后，班主任们便拿着抽查学生的名单回教室叫人。回到教室，我按名单叫了五名抽查学生，再叫出已经将健康知识倒背如流的五名学生。十名学生来到教室外面的走廊上，开始拿出学生证并按我的吩咐小心翼翼地撕下照片，贴在另一张学生证上！

从我拿到名单回到班上，到我领着学生回到学校办公室，前后不过几分钟，但这几分钟，我和学校所有的班主任一样，向检查团表演了一个张冠李戴的魔术！

然而，检查团真的被我们糊弄了吗？我们焉知检查团不是心知肚明呢？说不定他们早就知道大家都在演戏，只是装作不知以表现他们的"认真"呢！

你骗我，我骗你，大家心照不宣，都自以为得意，同时又维护着冠冕堂皇的"认真"与"诚实"——这才是最令人毛骨悚然的！

记得检查团走后，我回到班上是这样对学生说的："同学们已经知道，李老师今天造假了，而且还教同学们造假！我很痛苦，但作为学校的一员，我不可能违背学校的统一指令——我一个人违背也是没有用的！但这也不能怪校长，如果我是校长也会这样做的，因为在所有迎接检查的学校都在造假的情况下，我们学校诚实，只会意味着学校种种切身利益的损失！据我所知，校长是非常痛苦的，但他也没有办法！那么怪谁呢？我坦率地说：我也不知道该怪谁！但是，我现在只能对大家说：同学们，这就是我们面对的现实，我们面对的社会！我想，作为自认为心灵还比较诚实的人，如果我们不得不被逼迫着造假，我也希望在造假时，我们不是心安理得，而是内疚与痛苦，并在生活中尽量少造假。我还希望大家以后当了局长、厅长、部长，千万不要搞这种自欺欺人的所谓检查！千万不要弄虚作假！"

后来，我当了校长，也遇到类似的事，可我宁肯验收不合格，也坚决不做昧良心的事；再后来我主持名校长工作室，面对考核，我也实事求是，宁肯考核不合格，也绝不连夜弄虚作假凑"成果"。

问：师生交往中，如果有一件事情必须做，那是什么？

答：面对学生的批评，真诚认错。

这就是我经常说的"向学生学习"或"学生教我当老师"。

这涉及对师生关系的理解与认识。我不认为，师生关系只是单方面的教师教育感染学生，相反，民主的师生关系是师生彼此教育、互相感染。

陶行知在谈到"民主的教师"时，把"跟小孩学习"作为民主的教师的必备条件之一。他还说过："人只晓得先生感化学生锻炼学生，而不知学生彼此感化锻炼和感化锻炼先生力量之大。"我几十年从教的许多经验和教训，为先生这句话提供了丰富的论据。从某种意义上讲，教育是师生心灵和谐共振、互相感染、互相影响、互相欣赏的精神创造过程。它是心灵对心灵的感受，心灵对心灵的理解，心灵对心灵的耕耘，心灵对心灵的创造。

从来就没有完美无缺的圣人，教师更不是。我们也经常犯错误，但不要紧，接受学生的监督和批评，真诚地改正错误，和学生一起不断进步。这就是最好的师生关系，也是最好的师生互助，更是最好的师生共进。

问：在你的经验当中，什么样的家长，可以和教师形成教育合力？

答：这个问题问得不好，因为一般来说，学校是无法选择家长的，尤其是在义务教育阶段，连学生都不能选；即使非义务教育阶段，可以按规则择优选生，却依然不能选择家长。那么，面对无法选择的家长，我们是不是只跟"可以和教师形成教育合力"的家长合作呢？当然不是，所有家长都是我们的服务对象，也是我们的工作对象。所以，我们要做的是，尽全力引导、影响、帮助所有家长明白教育、理解学生、配合老师。

怎么去引导、影响和帮助所有家长呢？我当校长时，和老师们是通过六个途径让家长和学校形成合力的——

第一，通过阅读启迪家长。

我和老师们经常对家长们说："要培养孩子的书卷气，必须靠家庭的书香气；而家庭的书香气，不仅仅看家里有没有藏书，更看孩子的家长是否有阅读的习惯。"我们还给家长推荐读物。一开始，并不是每一个学生家长都乐意阅读，他们往往强调自己工作忙，没有时间。我便对他们说："你不是说愿意为孩子的成长作出任何牺牲吗？现在就让你每天牺牲一点点时间读书，不算过分吧？"为了保证家长能够坚持阅读，我让他们的孩子作为"监督员"，并定期在班上举行亲子共读分享会。

第二，通过写作改变家长。

让家长写作，就是让家长随时反思自己的教育。所谓"和孩子一起成长"，其实就是一起反思。最开始，许多家长说没有时间，也不会写。我说："如果你真正对孩子负责，不可能没有时间写！你只要把想对孩子说的话写下来就行，怎么想就怎么说，这和写作水平的高低没有多大关系。"慢慢地，越来越多的家长开始尝试每天给孩子写几句话了。

第三，通过书信沟通家长。

平时和家长见面时间有限，但写信沟通在时间上则比较灵活；而且有些话如果当面跟家长说，家长不一定能够接受，通过书信则可以在语言上更有分寸感，更容易打动家长。老师给家长写信的方式主要有两种：一是通过家校联系本给家长写信，二是以传统的方式直接给家长写信。

第四，通过孩子促动家长。

老师给家长提出的要求，往往通过孩子向他们的父母提出来。比如我要求家长让孩子每天晚饭后洗全家人的碗，但好多家长娇惯孩子，不让孩子洗碗。于是，家长会那天，我便作调查：请每天坚持晚饭后洗碗的同学举手！然后我对举手的同学说："我首先要感谢你们的爸爸妈妈，他们是真正优秀的爸爸妈妈！"这以后，全班学生都做到了每天晚饭后洗碗。

第五，通过家长转化家长。

家长之间的互相影响，有时候胜过班主任喋喋不休的"教导"。在每次开家长会的时候，班主任都事先安排几位优秀学生的家长谈他们的教子经验，或者请虽然不是特别优秀但进步很大的学生的家长谈他们是如何引导孩子的。这些家长都不是专业的教师，也没系统地学过教育学，但谈起孩子的教育，朴实而生动，很能引起其他学生家长的共鸣。

第六，通过家访感染家长。

从教几十年，家访一直是我的"保留节目"。在我看来，离开了家访，就不可能有完整的教育。家访显然不是对"差生"一筹莫展后去向家长"告状"或"求助"，而是亲自去感受孩子的生活环境与家教背景，以及家长的综合素质。因此，我的家访就不只是临时性对个别学生的行为，而是按学号轮流走进每一个孩子家庭的关心与调研。这种家访，对父母的影响是非常明显的，他们会被老师的敬业精神所感动。在平等尊重、亲切自然的聊天中，他们最容易接受老师的建议，看到老师牺牲休息时间不辞辛劳来到家里关心孩子，自然会更加愿意提升自己的素质，并更好地与学校配合。在武侯实验中学，从我这个校长到每一位老师都坚持家访。

问：过去的教师节，你是怎么过的？今年教师节，你有什么计划？

答：没什么特别的。在职时，上课、备课、批改作业、找学生谈心……该做什么做什么。当然，和平日不同的是，课间会有学生到办公室来送贺卡。退休后，每年教师节都会有学生来看我，或请我吃饭，当然，也不一定是教师节那天，往往是提前几天。

我一直认为，作为政府，除了平时就重视教育、尊重教师之外，也应该在教师节那天格外隆重地举行一些庆祝活动，或给老师们一些物质奖励；但作为教师，我们应该把教师节当成平常的日子来过，不能说只有在教师节我才特别开心——当然，这话也可以反过来说，我们也可以凭着一种心境，把平常的日子都当成自己的节日，开心地工作。

问：你想对当年刚入职的自己说点什么？

答："真心地爱着每一个学生，精心地上好每一堂课，用心地带好每一个班。"当初我上班第一天就是这样对自己说的。如今，39年过去了，我无愧于这三句话。

今天，我特别想对刚刚参加工作的年轻老师说——

第一天踏上讲台的时候，我们是那样纯粹，没有功利心，没计较过收入，没想过如何算"工作量"，也没想过什么"教坛新秀""市优青""省级骨干教师"之类，想的只是怎样把眼前的这一堂课上好，怎样把眼前这群孩子带好。那时候，教育就是教育，而不是"荣誉"，不是"职称"，不是"论文"，不是"课题"……课堂上孩子们一双双亮晶晶的眼睛，下课后孩子们一声声无邪的笑声，就是我们全部的追求。

因为单纯，所以快乐。这就是初心。

请每一位年轻的教育者以后经常问问自己："现在，我依然保持着第一天工作时的初心吗？"

问：可否谈谈其他感兴趣的话题？

答：最近我每天都在重读陶行知，我就简单谈谈我的感受吧。

和年轻时读不同，现在越读越感慨，最近几十年所倡导的素质教育、核心素养等"新理念"，哪一条超过了陶行知的远见？先生百年前就在谈"素质教育"了！其实也不是陶行知有什么"远见"，他也没有专门谈"素质教育"，不过是谈教育的常识、谈教育本来的样子而已。

我们现在已经离开教育本来的样子很远了，把教育常识给丢了，而忙着"创新"……所以我想呼吁，教育还是要回到朴素的起点，少一些"特色""创新""超越"，不要老想着"新思路""新格局""新举措""新突破"，而要多想想：教育本来应该是什么样子？我们的孩子应该有怎样的快乐时光？

尤其是上级主管部门，不要以各种名义去折腾学校。学校为了应付折腾不得不弄虚作假，耗费大量的时间和精力，而把教书育人当成了"副业"；校长和老师们面对前来视察的领导或验收的专家，还得装作很乐意的样子。这样的教育，让大家都难受啊！

能不能让学校恢复平静，让教师享受安宁，让陶行知当年的"六大解放"成为现实——从容不迫，不急不躁，让教育成为教育本来的样子，让教师和孩子自由自在、自然而然地成长，多好！

2021 年 9 月 4 日

应该给不同年龄阶段的孩子最需要的东西

——答巨浪教育记者问

问： 以前家长们老说"学好数理化，走遍天下都不怕"，您觉得对于现在和未来的孩子来说，学好什么，或者说掌握哪种能力才是最重要的？

答： 生活能力。这里的生活能力包括三个方面：与自己相处，与他人相处，与社会相处。所谓"与自己相处"，包括善待自己的身体、心理、情绪……所谓"与他人相处"，包括对待别人时尊重、理解、宽容……所谓"与社会相处"，包括面对未来的责任、胸襟、创造……最后落脚在：悦己，爱人，包容，学习，思考，表达，创新。

问： 当我们谈到教育环境的时候，经常能从一些家长或者老师口中听到"社会就是这样，我能怎么办"。您如何看待小环境和大环境的关系？家长和学校在小环境中能做的有哪些？

答： 每一个人都是环境，我们做好自己，并在自己的能力范围内影响别人，就是对改善环境作出的贡献。无论家长还是学校，尊重孩子，平等地对待孩子，就是在培养公民。

问： 您之前提到过"对某一年龄段的孩子来说，教育者只应该给他这个年龄段最需要的东西"，能具体谈谈对于不同年龄段的孩子，教育者最应教会他们的分别是什么吗？

答： 不是"只"，是"主要"，或者说"侧重于"。幼儿园：自由，天性的保持。小学：主要是兴趣与习惯。求知的兴趣，体现于阅读；生活的习惯，主要体现于自立。初中：主要是方法与思维。学习别人的方法，同时找到适合自己的方法，还有不同学科的学习方法。培养思维品质，如发散性思维、批判性思维……高中：主要是视野与创造。应该尽可能通过阅读站在人类文明的高度，心中装着天下，同时勇于提出或发表自己的独立见解，包括科技上的各种奇思妙想。

问： 您之前讲到过"教育要有一点浪漫的气息"，为什么这么说？能具体跟我们分享一下您对这句话的理解吗？

答： 浪漫，在这里是"诗情画意""充满幻想"的意思，这是符合儿童心理的。我们的教育不但要有意义，还要有意思；不但要让孩子在这个阶段接收成长的养料，而且要为他们的将来留下充满人性的温馨记忆。这是教育的温度，也是教育的人性。

问： 您认为教育的本质是什么？在实现这个教育本质的过程中，学校、老师、家长各应该充当什么样的角色？

答： 关于"教育的本质"有太多的表述。我理解，教育就是启发人、唤醒人、影响人、改变人，帮助一个人由生物人向社会人转变。学校应该成为一个让学生心灵自由飞翔的地方；老师应该善于发现每一个孩子独一无二的禀赋，唤醒其作为人的自尊与自信；家长应该以自己的形象给孩子以积极的成长示范。

问： 您原来提到过"研究后进生是最好的科研"，能谈谈您对这句话的理解吗？另外，这类学生往往令家长或老师头大，您有什么教育引导后进生的经验可以分享吗？

答： 是的，转化后进生是最好的教育科研。因为后进生存在很多问题，这些问题都是科研课题。医生以治好疑难杂症为自豪，教师也应该因转化后进生而赢得职业尊严。转化后进生的策略很多，比如相信孩子，发现长处，鼓励为主，集体帮助，降低要求，实现自我……

问：结合您近 40 年的教育从业生涯，您认为什么是理想的教育？今天的中国需要什么样的理想教育？

答：理想的教育，就是符合每一个孩子个性的教育，就是让孩子感到校园生活快乐，也体验攻克难题成功的教育，就是让每一个孩子精神不被束缚的教育，就是让每一个孩子成为最好的自己的教育。

问：随着数字时代的到来，孩子们现在能接收到的信息量很大且很复杂，但他们幼小的心灵还没办法完全承接这些信息，由此也会产生很多焦虑、迷茫等负面的情绪。作为学校、家长，他们应该如何帮孩子减少这些负面情绪呢？孩子又可以如何调节自己呢？

答：面对而不是逃避，不是简单地不许用手机，而是教孩子克制地生活。另外，要教会孩子学会辨别，面对漫天的信息要识别真伪。要从容，这就是生活，这就是时代。家长应以自己的行动和形象感染、影响、引导孩子。

2021 年 12 月 30 日

只要热爱，就会幸福！

——对话东京奥运羽毛球男单冠军安赛龙

9月23日，第二届中国丹麦教育论坛举行。论坛上，我作为论坛中方主席与2021年东京奥运会羽毛球男单冠军安赛龙进行了一场隔空跨界对话。感谢速记员的记录。

需要说明的是，2018年秋天，我第二次去丹麦时，本来要和安赛龙见面，但因为他训练情况发生变化，我们未能谋面。我到现场看了他的比赛，还给他拍了比赛照。后来我见到了安赛龙的父亲，安赛龙托其父亲送给我一本他的自传，我也托他父亲送给他一本《爱心与教育》。我们在微信上交流过，他的中文很棒，所以这次对话根本不需要翻译。

李镇西：安赛龙，你好！

安赛龙：你好！

李镇西：好，以这种方式见面。

安赛龙：好久没见，你怎么样？

李镇西：我很好啊！"好久没见"？你没见过我，我也没见过你啊！哦，上次在丹麦我见过你的，我去现场看你比赛，但你没见到我，呵呵！

安赛龙：呵呵！

李镇西：首先祝贺你最近获得了东京奥运会羽毛球男单冠军。今天你作为一个体育明星，一个世界冠军，本来和教育是不搭界的。我呢，是一个教育从业人员，和你对话算是跨界对话。你的中文这么棒，我们也不存在语言障碍，那我们就从你喜欢的羽毛球聊起吧。你是从什么时候开始练羽毛球的？

安赛龙：我是差不多6岁的时候开始练的，我爸爸以前也打羽毛球，我们家离球馆很近，他给我介绍了这个体育项目，我很快就爱上了羽毛球。

李镇西：你说是你父亲叫你练的羽毛球，如果你父亲不安排你打羽毛球，你会不会爱上羽毛球呢？

安赛龙：我的父亲不是我的教练，他只是给我介绍了羽毛球。周末的时候，我们俩去球馆玩球，我很快有机会在那个俱乐部参加了一个有教练的训练。我爸爸很支持我，我从小有很多比赛，他就陪我去丹麦很多地方参加比赛。

李镇西：我在想，你一定是从羽毛球运动当中获得了幸福感。

安赛龙：对。

李镇西：你能分享一下你为什么这么喜欢打羽毛球吗？羽毛球给你带来了什么？

安赛龙：我觉得羽毛球给我带来了很多幸福，不管做什么，我都觉得有一种快乐的感觉是最重要的，要不然我不会花很多时间去做这个事情，也不可能进步很多。一开始打羽毛球的时候，我就感觉很开心，我的所有注意力都在球上，这对于我是一件很重要的事情。6岁的时候，我不太懂，但是我身体的感觉非常好，很快就发现羽毛球在我的生活中是一件让我很快乐的事情。

李镇西：我在想，还没有拿冠军之前，你就很喜欢羽毛球了，是不是这个意思？

安赛龙：对，是的。

李镇西：就是说，你喜欢的是羽毛球本身，而不是拿冠军。

安赛龙：是的。拿冠军对我来说不重要，重要的是我觉得好玩，我觉得打球是一件非常好玩的事情。而且，我在俱乐部交了很多新朋友，可以跟他们一起玩。朋友和快乐是最重要的。

李镇西：嗯，朋友、快乐。你这么喜欢羽毛球，在训练的时候，遇到过困难没有？

安赛龙：我非常喜欢打比赛，也很喜欢赢，输了比赛之后有点不开心。输了之后，怎么去处理内心的感觉，我觉得不管是打羽毛球，还是生活中别的事情，这都是非常重要的学习。

李镇西：从某种意义上讲，你练习打羽毛球也是一种学习。内驱力就来自你对羽毛球本身的热爱，学习也是一样的。你刚才有一句话我听了以后，很有感慨，你说你喜欢的是羽毛球运动本身而不是拿冠军。我们中国很多学生，学习就是为了分数，他们不是享受学习的过程，因为他们的内驱力不是来自幸福感，而是来自一个很功利的结果。我就想到你的学习了，比如你的中文这么好，你能不能跟大家分享一下你是怎么学中文的？中文是很难的，当然我们学中文，因为是母语，肯定不难的。对于外国人来说，学中文比学英文要难得多。你是如何从中文学习当中找到动力，驱动你去学中文的？你跟大家分享一下。

安赛龙：这是一个很好玩的故事。我以前的教练，大概 6 年前吧，他问我为什么不学习中文，我说这个太难了。回家之后我想了下，我当时不是上大学或者进行别的学习，而是所有的注意力都在羽毛球上。但我还是有这个感觉，在场外的时候，我的脑子一直动，我应该花时间做点别的事情，我觉得学习中文真的是一个很好的事情。作为羽毛球运动员，我常常去中国参加比赛，非常尊重中国的文化和中国人，可以向中国人学习很多非常重要的事情。所以，我就告诉自己：好啦，那就开始吧。

刚开始的时候，我在网上搜了一下怎么学习中文，但是很快发现有一个老师是非常重要的。我没有压力，我觉得学习一种新的语言非常好玩。我记得很清楚，第一次跟中国人用中文交流，哇！我突然可以跟一个不说英语的人聊天，这是一个非常幸福的事情！这带给我更多的动力。

李镇西：很棒，很棒！听你讲，之所以喜欢中文，学中文，我理解，可以和一个不说英语的人交流，对你来说是一件很好玩的事情。

安赛龙：对，是一件很好玩的事，而且我突然有机会跟我中国的粉丝和朋友……

李镇西：直接对话、直接交流。

安赛龙：对，而且可以建立比较深的关系，这个是非常重要的。

李镇西：每一次小的进步，积累起来就是巨大的幸福感，这种幸福感又驱动你继续去学。你中文有没有考级，有没有中文水平的考级？

安赛龙：我觉得因为我不是，不是……

李镇西：你是说不是专业的，什么搞翻译之类的。

安赛龙：对，说实话，我不太专业。其实刚刚开始学习中文的时候，我给自己定了一个目标，就是打比赛之后接受中文采访。有这种机会跟你说话，我也很幸福。我很开心我来到这儿，我要进一步提高我的中文水平。

李镇西：你字写得怎么样？用中文写。

安赛龙：如果学会写的话，我要花太多的时间，毕竟我没有那么多时间，对我来说，最重要的是我的听力。

李镇西：口语交际，听力。读是没问题的？

安赛龙：对，可以打字聊。

李镇西：你现在可以用中文打字，是吧？

安赛龙：可以。

李镇西：对，你在 QQ 上跟我聊，在微信上跟我聊，就是用中文聊的，只是说你不能用中文写文章，是不是这个意思？

安赛龙：对，是这个意思。

李镇西：你其实完全可以用中文书面交流的，只是不能够搞创作，这也非常棒了。你就是从打羽毛球和学中文本身获得了乐趣，而这个乐趣就是我们说的幸福感，就是内驱力。那你给大家介绍一下你的学习经历吧！

安赛龙：对我来讲，羽毛球是最重要的。刚开始学习中文的时候，我每天都要花至少 2 个小时。我早上训练 2~3 个小时，然后回家吃午饭，学习中文 2 个小时，下午再去训练。每次开车，在机场排队，我都听中文的播客。吃饭的时候，我也常看孩子看的那种很简单的中文视频。我觉得多听也可以让我更快地学习。

李镇西：你平时在丹麦可能很少有人跟你说中文，用中文的不多。

安赛龙：我有个老师在北京，我们用微信聊，他给我布置作业什么的。我的一个教练也是中国人，每次跟他进行技术训练，我们都是用中文聊天。

李镇西：刚才听你讲学中文、练羽毛球，一直强调快乐、轻松，而且没有功利。比如你刚才说学中文，你的目的就是能够和中国人交流，没有想到要达到什么水平，就很轻松。打羽毛球也是一样的，你开始没有想到去拿冠军，就是觉得好玩。我去过丹麦两次，我感觉丹麦的孩子，学习相对比较轻松、比较放松。你给我简单介绍一下你了解的丹麦学生的学习情况，他们的学习负担、效率如何，回家以后做什么。

安赛龙：对很多丹麦的孩子来说，你说得很对，轻松、玩和没有压力是非常重要的。因为每一个人都不一样，有的孩子可能可以接受比较大的压力，有的孩子选择学习适合他们的内容，学习方式不一样，所以在丹麦最重要的是好玩，然后看每一个孩子的学习是不是适合他们。如果你跟所有的孩子说你要学习一种语言，你要在学校里好好学习，你要做一个体育运动员什么的……我觉得这不对。对我来说，我比较喜欢运动，很自然地打羽毛球，这是很幸福的。但是我的一些朋友很喜欢学习，在学校他们非常厉害。每个孩子都是不一样的。

李镇西：你练羽毛球的同时，也要参加正规的学校学习吗？

安赛龙：要。一直到我 14 岁的时候，我开始有机会每天早上参加俱乐部的训练。从小的时候到十四五岁，我必须去学校学习一般的课。

李镇西：就是上到初中毕业，我们这里叫初中毕业。

安赛龙：对。

李镇西：我举个例子，中国有些运动员是很小就完全脱离学校了，就到训练队去。他们的文化通过其他方式，比如专门请老师补。你一直到

14岁才参加俱乐部训练，14岁以前你完全是用业余时间，比如周末去打羽毛球，是不是这个意思？

安赛龙： 是的，每次有机会去球馆打羽毛球，我就去，这是我最快乐的地方，是我的第二个家。每次有机会去球馆，我记得很清楚，我对父母说，让我晚点回家，因为我在俱乐部玩得很开心，它带给我很多幸福。

李镇西： 那就是说你在14岁以前读中小学的时候，比一般的同学任务更多，他们只要完成正常的学习就可以了，你除了完成你的学习，还多了一项任务，要用休息时间去打羽毛球是吧？

安赛龙： 是的。

李镇西： 我有两个问题要问，第一个问题——不过我想这个我都能帮你回答，本来我想问，你会不会觉得累？我相信你不会觉得累，因为是你的爱好。

安赛龙： 我觉得其实不累，我每天都很期待去，有的时候在学校里我觉得很无聊，我的脑子里都是羽毛球，所以感觉不累。当然，有的时候，身体有点累。

李镇西： 心情很愉快，精神很愉快。第二个问题又来了，你刚才说你很喜欢羽毛球，上课都想着羽毛球。我就想问你花那么多时间训练，你的身体消耗那么大，你还有足够的精力保证学习吗？或者说你爱好羽毛球这个运动，会不会影响你的学习成绩？

安赛龙： 当然，因为每次消耗那么多，训练量那么大，当然让你很累。有的时候，我的训练量更大，我的学习可能只是听和看中文的视频，比如说在机场排队的时候。

李镇西： 你就把它利用起来。

安赛龙： 每次有机会我就学习一点点，这样学习虽然很累，但还是可以积累很多。我尽量每一个星期都安排一些课，因为我知道，现在我的中文水平还有很多不足。如果我可以保持现在的水平，我当然很开心，但是我也很希望可以继续学习，我要把我的中文水平提得更高。说实话，我觉得打下一个很好的基础是最重要的，保持就比较容易了。

李镇西：不是，我刚才还想问你的是，你在学校，就是你 14 岁以前正规学习，不是有很多课程吗，那你的羽毛球训练会不会影响功课的学习？

安赛龙：哦，哦，好的。这个说实话，在学校的时候，我早上就去训练了，我学习得不太好。因为我当时就知道自己要成为一个羽毛球运动员，我只有一个机会，我不可以 30 多岁之后再决定要去练羽毛球，然后成为一个非常优秀的运动员。你只有一个机会，就要在很年轻时训练很多。

李镇西：对，那也就是说，你虽然 14 岁才正式进俱乐部训练，但 14 岁前你就越来越意识到以后你的兴趣将是羽毛球运动。我这样理解，你找到了一件最符合你个性、天赋、爱好、特长的事，所以无论花多少时间去训练，你都觉得是自己的选择。说回学习，我跟你简单讲讲中国的学生，现在我们很多中国学生，学习的目的不是来自内在的驱动力，他们的驱动力就是考试、排名次。我不知道你懂不懂什么叫排名。

安赛龙：我明白。

李镇西：你也懂是吧？就是一个班有 50 个孩子，每次考试以后排个名，谁第一，谁最后一名，那学生就有了压力，或者说来自考大学、考个好分数，动力就来自这些压力，而不是对学习本身的动力。很多孩子的内驱力不是来自自己，而是来自别人。这个外在压力一旦少了，比如考上大学了，他就松懈了，就不再读书了。所以，我就想这个内驱力源于幸福，而这个幸福是来自自身的，不是其他人的。

安赛龙：我觉得你说得有道理，这真的是一个很重要的事情。如果你心里不想去做这个事情，我觉得效果不是很好。你必须觉得你每天做的事情让你很幸福，你又觉得好玩。要不然，如果我做不喜欢的事，我怕长大之后，会后悔花了那么多时间做这个事情。

李镇西：丹麦的中小学生晚上回家作业多不多？据你的了解，或者你原来学习的时候，读书的时候。

安赛龙： 我觉得丹麦的学生压力也是越来越大的。

李镇西： 压力来自什么地方？

安赛龙： 很多学生的爸爸妈妈可能是律师或者医生什么的，他们也希望孩子可以从事跟他们一样的职业。有的孩子可能不喜欢，他们要做别的事情，但是因为父母的目标是要孩子做跟他们一样的工作，所以孩子觉得压力很大。但是，我觉得这个不对，每个人都不一样，别人不可以为你作决定，你要用你的心好好考虑，你在将来要做什么工作。

李镇西： 你的意思就是说，丹麦也有家长帮孩子选择未来，是不是这个意思？比如，可能不是孩子自己愿意做律师，是家长希望他往这方面发展。

安赛龙： 有的孩子是这样，当然不是所有的孩子，但有的父母是这样。不过我的爸妈就不是，他们支持我的爱好，在我的身边鼓励我说："不管你决定做什么，我们只有一个要求，你每次做这个事情就尽力去做，不要浪费时间，重要的是你开心。"

李镇西： 听说你去年有一个孩子了是吧，是一个女儿？

安赛龙： 一个女儿，她 11 个月。

李镇西： 11 个月，作为一个父亲，你对她有没有什么期待呢？

安赛龙： 我没有什么期待，我希望她自己决定做的事情，能让她很幸福——可能是读书，可能是画画，可能是踢足球，可能是打网球，可能是羽毛球……如果是羽毛球的话，我有比较多的精力可以教她。对我们来说，我们无所谓她决定做什么，最重要的是她开心，然后努力去做。

李镇西： 太好了，你刚才说的丹麦有些家长帮孩子选择，让孩子将来朝什么方向发展，据你的判断，这种家长在丹麦占多数还是少数？

安赛龙： 这个真的很难说。如果有的父母不管孩子，说你想做什么你就做什么，如果孩子做的事情不是很好的事情，或者他们不认真去做，怎么办？不想要我们的孩子去偷懒，不想让我们的孩子变成偷懒的人，我们当然要给他们动力。我觉得负责任的父母是帮助孩子发现他们在什么方面有天赋，有幸福的感觉，不要告诉他们必须做什么，但是要给他们动力。

李镇西：说得太好了，我理解父母对孩子的意义和作用至少有两点。一个就是你刚才说的发现他的优势所在、特长所在，然后给他提供很多机会去选择，去试试这个，试试那个。

安赛龙：你讲得太好了！

李镇西：父母的意义不在于帮孩子决定未来，而是帮助孩子发现他自己。

安赛龙：这个话太好了！

李镇西：第二，父母还有一个作用，就是示范，比如你刚才说不要让孩子成为偷懒的人，那父母就应做勤奋的人、上进的人，对孩子来说，这就是最好的家庭教育。我观察到很多中国家长是帮孩子选择。比如，现在一到周末，强迫孩子去学琴、学球、学画画、学书法、学舞蹈，几乎都不是孩子的选择，是家长帮孩子选择。孩子就很累，他是在为家长学，他就没有动力，而且究竟孩子真正擅长什么，他不一定知道。我觉得你就是你父母最好的一个作品。为什么呢？父母帮你创造这么一个机会，让你发现了自己的特长，释放了你的优势，让你成了一个世界冠军。我刚才在想，你会不会也希望女儿像你一样成为冠军，打羽毛球或者其他。你刚才说了你不会，你会尊重她，但如果她自己愿意从事体育运动，你可以给她更多的帮助。

安赛龙：我总是会在她的身边支持她，她要做什么，我们就会鼓励她。

李镇西：你现在还记不记得你读小学、读中学的老师，对他们还有没有印象？

安赛龙：我觉得在学校的时候，当时老师很快发现我比较喜欢羽毛球。

李镇西：老师很支持你，是吧？

安赛龙：是的。

李镇西：你的老师或者丹麦的中小学老师，他们的风格，他们和学生相处，他们的教学……是怎样一种情况？

安赛龙：我的老师们，我觉得他们看每个孩子都不一样，这个他们做得比较好。

李镇西：我打断一下，你说他们做得好的，就是能够看到每个孩子的不一样，是吧？

安赛龙：对，是的。

李镇西：非常好，继续。

安赛龙：但是他们没有时间让课程适合每一个孩子。我觉得最重要的是他们发现，比如他们知道安赛龙画画不是他的特长。

李镇西：你的羽毛球运动水平主要是在俱乐部或者教练训练下提高的，但是学校的教育、老师们对你的羽毛球运动，你觉得有哪些帮助呢？

安赛龙：我觉得真的有帮助。在学校，学习压力太大就不利于我打羽毛球，但是老师们知道我非常喜欢羽毛球，如果他们当时说你要把所有的注意力放在你的学习上，那可能会影响我打羽毛球，我可能因为害怕不去打球。但不是这样的，他们支持我，有的时候，我在俱乐部有个小的比赛，我的老师如果有机会，会去看我的比赛。这也是一个非常好的事情。

李镇西：如果他们当时不让你去训练，他们就毁掉了一位未来的世界冠军。但是你想没想过，如果你不打羽毛球，你没发现你爱羽毛球，你觉得还适合做什么？

安赛龙：我真的不知道。我非常喜欢羽毛球，非常喜欢一个人在场上处理问题。我非常喜欢运动，也非常喜欢跟别人交流。我希望未来我自己的公司能做得比较好，但是现在，羽毛球是最重要的。

李镇西：你来过中国几次？

安赛龙：20多次。

李镇西：有20多次？比起对丹麦教育的了解，你可能对中国教育了解得稍微少一些。中国教育带给你什么感受？你对中国的教育有哪些了解？假如说一位丹麦的朋友问你"安赛龙，你对中国那么了解，能不能给我介绍一下中国教育的特点"，你怎么跟他们说？

安赛龙：如果运动员从很小的时候就搬到俱乐部训练的话，压力可能比较大。我觉得有意思的是，中国有那么多非常厉害的运动员，所以不能说教育这个事情是不对的。中国在每个专业、每个方面都有那么多非常厉害的人，不能说教育不对。对我来讲，最重要的是没有一个方式适合每一个人，虽然压力很大，但我觉得是一个平衡。有的时候，你必须有压力，有的人可以接受，有的人不可以接受。

李镇西：我这个问题问得不好，让你很为难，为什么呢？一方面，你对中国教育没有太多了解……

安赛龙：我明白你的意思，如果我要给别人解释一下中国的教育怎么样，我先要带他们去中国，然后去一个学校看一看。我用丹麦语给他们解释，我觉得他们不懂，丹麦的文化跟中国的文化完全不一样，所以要先去看一下，慢慢了解中国的文化、历史，然后去弄明白这个事情。

李镇西：你说得非常好！我刚才说让你为难的意思是，你对中国教育毕竟不是特别熟悉，你不知道中国教育有哪些问题，你也不好说中国教育不好，但是我觉得你有一点说得非常好，不同的国家、不同的民族、不同的国情，重要的是应该选择什么教育最适合这个国家。比如丹麦，我们觉得很自由、很开放，和它的文化传统是有关系的，还不能完全照搬到中国来，不过互相借鉴是可以的，觉得好的我们可以学，适用的我们可以拿来用。你学中文已经多少年了？

安赛龙：差不多 6 年了。

李镇西：差不多 6 年了。从文化上来讲，你最喜欢中国的什么？

安赛龙：我对中国的发展……中国的……怎么说？我怎么解释最好呢？如果看中国的历史，你们那么快变成了非常强大的——不管是生意还是运动什么的，都是一个非常厉害的国家。这个真的让我很尊重。而且，我觉得中国的历史非常有意思。丹麦可以向中国的教育学习很多事情，中国也可以向丹麦的教育学习很多事情，我们必须互相帮助，我觉得这个最重要。每一个国家有它的缺点，也有它的优点。

李镇西：对的，你刚才说了中国的教育有值得丹麦学的，那你现在能说说中国教育有哪些值得丹麦学的吗？

安赛龙： 我觉得有的时候，丹麦的学生压力不太大，比如说上大学什么的。当然，你要成为律师、医生什么的，你必须学习非常棒。有时没有压力，有的孩子可能会偷懒，因为他觉得没关系，虽然学得不太好，但是还有别的机会。但是在中国不可以，你必须去好好学习，我觉得这是一件好事情。当然，这需要平衡，不要孩子有太多的压力，要不然对孩子不好，但是也要有一点。

李镇西： 我懂你的意思，就是中国孩子勤奋，可能恰恰是丹麦有些孩子欠缺的。同样一个特点，朝一个方面延长就是一个缺点，朝另外一个方面延伸则是优点。压力过度会妨碍成长，但是如果一点压力都没有，不勤奋，人又会失去进取心。丹麦孩子也是一样的，我们觉得很自由、很轻松，这是个很好的状态。但如果完全没有压力，不求上进，也不好。你是这个意思吧？

安赛龙： 对，这是我的意思。不好意思，我的中文水平不够。

李镇西： 很好。

安赛龙： 你可以帮我阐释，你用的词太好了。

李镇西： 但是勤奋也好，自由也好，一切要源于自己内心的选择。比如说勤奋，勤奋不是家长逼着我去做什么，而是我自己愿意去做。就像打羽毛球，你打羽毛球是很勤奋的，在我们看来是勤奋，在你看来不是勤奋，是好玩、喜欢。

安赛龙： 现在羽毛球也是我的工作，我每天都期待去训练，每天都很开心，因为羽毛球也是我的爱好，从小就是我的梦想。我的梦想实现，我在工作却不是工作的感觉，是快乐的感觉。

李镇西： 你刚才说的话使我想到我自己。我搞教育搞了快40年了，很多人觉得我做教育坚持到今天很不容易，觉得我好像是把教育当事业。我说不是，我是把教育当爱好，爱好就没有累不累的说法。我记得刚才你说一旦喜欢一个东西，不存在累，你喜欢嘛！我现在退休了，每天到单位来上班，很多人说：你不是退休了吗？我说：爱好就没有退休的说法。我不知道丹麦是怎么样的，我们中国男性 60 岁退休，女性 55 岁退休。我跟他们说：比如一个男性爱好钓鱼，他不可能过了 60 岁就不钓鱼了，爱好怎么可能退休呢？像你一样，你以后可能会退役——我们这叫"退役"，比如说你告别比赛了，但是羽毛球本身可能是你终生的爱好。这就是我说的，我们有内在的驱动力，无论是教师，还是运动员，从这个职业本身当中获得了乐趣，这个乐趣和爱好是一样的。所以，我说无论学习还是工作，最高境界是把它当作爱好。

安赛龙： 是的。真不好意思，我下午的训练马上就要开始了。

李镇西： 讲得差不多了，我刚才已经在总结了。你想对我们教育者，包括很多看我们对话的人说点什么话？给他们说几句或者提点希望，或者期盼吧！

安赛龙： 非常感谢有机会跟你谈这个事情，你的工作是非常重要的，我非常尊重你的工作，非常感谢你！

李镇西： 谢谢。

安赛龙： 所有看我们对话的人，我希望他们可以从我们的对话中学习一些东西。我只是一个羽毛球运动员，但我还是希望跟大家分享我的教育观点，如果能让大家有所思考，我会很开心。

李镇西： 好的。我就跟你说一句话，希望你下次到中国来，到成都来，一定要事先跟我联系，咱们有微信，我兑现我的承诺——请你吃火锅。你能不能吃辣椒？

安赛龙： 可以。

李镇西： 那成都火锅让你见识一下，尝试一下。谢谢你，再见。

安赛龙： 再见。

2021 年 9 月 23 日

行走与思考

我和望江楼

1978 年 3 月，我从知青农场考上四川师范学院（现四川师范大学）。当时的川师是在荒凉的郊外。记得中文系组织我们去参观杜甫草堂，坐着大巴穿过田野先进城，然后出城再穿过田野到达杜甫草堂。可见当年的川师有多么偏僻。

所以那时候，去春熙路、天府广场（那时候叫人民南路广场）叫"进城"。每次进城，或回学校，我都要在九眼桥头等 38 路公交车。每当这时，不远处的一座古典雅致的建筑便映入眼帘。那就是望江楼。

那时的成都，虽然是省会城市，但和全国其他大城市一样，都没有高层建筑。所以稍微高一些的亭台楼阁，便成了地标。比如，那时候在人民南路广场，就能看见人民公园里的辛亥保路纪念碑，遥指蓝天。望江楼公园坐落在成都东门锦江南岸，以拥有望江楼古建筑群、唐代著名女诗人薛涛纪念馆等文物遗迹及各类珍奇异竹而闻名中外。站在九眼桥上，你可以看见下游一公里以外的望江楼。

只是当时我想不到，将来几十年的岁月中，望江楼将成为我人生的见证者，并嵌入我的记忆。

我的记忆当然不只是望江楼，更多的是和这里有关的人生经历。当然，望江楼公园本身是值得游玩的，公园内有许多著名的古建筑，比如望江楼、濯锦楼、吟诗楼。如果说杜甫草堂是因杜甫、武侯祠是因诸葛亮而闻名，那么望江楼公园则是因女诗人薛涛而闻名。园内不但有薛涛墓，还有薛涛井、浣笺亭等与薛涛有关的遗迹。因为薛涛一生爱竹，曾写诗赞颂竹"虚心能自持""苍苍劲节奇"，所以为纪念薛涛，后人在园内遍栽各类佳竹，荟萃了国内外200余种竹子，目前是全国竹子品种最多的专类公园。

我对望江楼情有独钟，是因为这里有我青春的身影、中年的笑声和近年来每一天都要留下的足迹。

大学里，我就经常和同学一起去望江楼玩。记得团支部搞活动，有时候就是在望江楼搞的。第一任团支部书记是皮运汤，成员有唐鸣、李蓉、赵本加和我。当时大家都20多岁，青春正盛，意气风发，思想单纯，理想飞扬。现在当然记不得我们当时都聊了些什么，但我记得，画家赵本加在对着望江楼写生，我们围在他身后，一边看望江楼，一边看他笔下的画，很是崇拜。我还记得，我们在望江楼前合影时，我悄悄把手中的《大众电影》贴在皮运汤的胸前，那期的封面是当红影星李秀明的头像，于是后来洗出来的照片上，我们不是五人合影，而是六人合影。

大学毕业分配到乐山一中，但我和望江楼公园的缘分并没有结束。1987年春天，我带着我班学生来成都访问成都十二中友谊班的同学，两个班的孩子就是在望江楼公园举行的联欢会。那个年代，应试教育的硝烟远没有后来那么浓，孩子们在竹林深处唱歌、跳舞、说相声、演小品……度过了一个美好的夜晚。

20世纪90年代初，我调到了成都，望江楼公园就成了我经常和学生一起去搞活动的地方。记得教高95届一班时，为了给高三的孩子减压，我带他们去望江楼公园"放松"。久闷于教室题海中的学生们，一来到竹林茂密的公园，就像获得了自由的鸟儿，他们和小朋友一起荡秋千，还玩捉迷藏的游戏……当我被他们蒙上眼睛围在圈中时，我感觉我和这群十七八岁的少男少女一起回到了童年。

后来教初98届五班时，班上有一群"问题孩子"，我真的是操碎了心。当时为了让他们每天有哪怕一点点的进步，我便在班上搞"每周一评"活动，即让全班同学评选"本周进步最大的同学"，当选者由我在周末带他们去公园玩儿。于是，望江楼公园便留下了我和七八个调皮孩子欢快的笑声和追逐的身影。直到前不久，当年的一个顽童，还发来20多年前我和他们在望江楼公园的合影。

有一年，中央电视台专门到成都为我录制访谈节目，正好我要带孩子们去公园搞活动——其实就是玩儿，于是主持人、编导、摄影师和我班的孩子在望江楼公园度过了一个美好的下午。在竹林深处，我和孩子们一会儿踩气球，一会儿玩老鹰抓小鸡，一会儿玩猫捉老鼠……当我被红领巾蒙上眼睛时，孩子们在我的前后左右捉弄我，特别是像邹冰、安超这几个调皮孩子，还用手掌击我的背或打我的屁股，引得大家哈哈大笑。等我取下红领巾，看见连公园的游人也被吸引了，围着我们观看，脸上也溢满笑容，显然被我们感染了。

没想到后来，也就是我退休前的三年，我被调到了武侯区教科院，上班的地方正在望江楼公园附近。于是，我每天上班都会经过这片红墙竹林。从家里到单位大概有四公里，我都步行上班，但我嫌四公里太短了，于是经过望江楼公园时，总要进去再走几圈。从2015年8月到现在，我已经步行经过望江楼公园六年半了，两千多个日子，看江边白鹭翻飞，然后停在高高的竹梢，晃悠悠的，然后又划过蓝天向远处飞去；看清晨阳光射透竹林，光柱斜斜如瀑布一般倾泻；看竹叶映在红墙上的倩影，宛如水墨丹青；看秋天的银杏叶在树上燃烧，然后又飘飘洒洒落在地上，满眼金黄，满园锦绣……

现在，只要我在成都，每天早上都要用脚步丈量望江楼公园，每走一步都好像踏在当年我和学生们留下的脚印上。朝阳于江边升起，我看到的是孩子们鲜活的笑脸；微风拂过竹林，我听到的是孩子们无邪的笑声……

2021年12月22日

在清华讲故事

今天，北京天气奇好，辽阔的天空就像是为我而湛蓝。

应著名教授石中英兄的邀请，上午，我来到清华大学为他的学生上课。

其实，我还是有些压力的。这"压力"倒不是怕去清华大学上课，而是这些学生都不是师范专业的，也非教育学专业。这不到20个学生来自生命科学学院、法学院、美术学院、建筑学院、社会科学学院、新闻学院、车辆学院、经管学院等，给他们讲"教育"，怎么讲？而且，石中英教授给我的题目是"价值论与教育"，即如何对学生进行价值观教育。这真的把我难住了。

后来我想，讲教育理论我能讲过石中英教授吗？我还不如就讲几个教育故事，然后让学生们讨论，从我的故事中挖掘出"价值"。

所以，说是"上课"，其实就是讲故事。上了三节课，就讲了三节课的故事，一节课一个故事。

走进教室，十七八个学生已经坐好了。我打出了今天的题目"人是教育的最高价值"。

我说，这个题目很学术，但这也是我今天唯一有学术味儿的一句话了。今天，我将用三个故事来解释这句话。

但在讲故事之前，我又展示了"我认可的教育理念"。

我特别解释说："注意，不是'我的教育理念'，而是'我认可的教育理念'，因为我没有任何原创的教育理念，几十年来我所践行的都是我认可的教育理念，这些理念都是古今中外教育家阐述过很多次的。"

这些教育理念是——

没有爱就没有教育，只有爱也没有教育。

最好的教育莫过于感染，最好的管理莫过于示范。

教育的最终目标是培养公民。（我特意解释了我理解的"公民"含义：心地善良，人格独立，思想自由，行为规范，担当自觉，世界胸襟，中国灵魂。）

在民主生活中培养民主素养。

教育技巧的最高境界是不知不觉，不动声色，天衣无缝，了无痕迹。

每一位学困生都是教育资源。

每一个棘手问题都是教育课题。

每一次突发事件都是教育契机。

每一个孩子的未来都有一百种可能。

教育是心灵的艺术。

然后，我开始讲第一个故事：谷建芬老师和未来班孩子。

读过我的书、看过我公号或听过我报告的老师，已经很熟悉这个故事了，但清华大学非教育专业的学生则是第一次听到。应该说，我的讲述让他们感动了，不，准确地说，是谷建芬老师高尚的人格感动了他们。当我播放谷建芬老师为未来班谱曲的班歌《唱着歌儿向未来》后，他们用掌声表达了对谷建芬老师的敬意。

在讨论中，大家谈到这个故事所蕴含的价值：教育的浪漫与温馨，艺术家的爱与责任，班集体的凝聚力与自豪感，还有班级的人文气息和审美熏陶……

我的第二个故事是：让学生在民主生活中学会民主。

我讲了我在班级管理中的"法治"实践，让看似简单甚至在一些班级不过就是一纸空文的"班规"蕴含现代民主社会的法治精神。围绕班规诞生前前后后的故事包括细节，我向清华学生展示了民主的真正内涵，以及如何在日常生活中渗透民主教育，如何通过这种教育培养现代公民。应该说，这个故事也很精彩。如果说第一个故事让他们感动的话，那么第二个故事让他们深思。

讨论中，同学们提炼出这些价值：法治、平等、尊重、妥协……

我讲的第三个故事是：破案之后。

这个故事更像"故事"。围绕班级失窃，我和犯错孩子之间发生了曲折动人的故事。生活委员收的同学们的生活费不翼而飞，但很快便找到"作案者"，钱也追回了。然而，故事才刚刚开始。破案之后，我想的是如何将这次突发事件当作一次教育契机，对全班学生进行深入心灵的教育，但又不能伤害那个犯错学生的自尊心，于是，我煞费苦心地编写并导演了一个教育"剧本"，后来非常成功。最后，这个犯错的孩子还跟我一起走进了中央电视台《小崔说事》栏目。故事感动了崔永元，也感动了电视机前的观众。

同学们提炼出这个故事所蕴含的价值：诚实、善良、宽容、信任……

下课了，同学们围着我合影。一个女生说："我一直喜欢教师这个职业，我打算毕业后也当老师。"我说："清华的学生，估计以后是在高校当老师吧？"她说："不，我会当中小学老师。"我很感动，跟她说："给我地址，我给你寄几本我的书。"

中午，石中英教授陪着我逛老校园。看着百年以前朱自清们走过的校园，心情有些激动，历史风云涌上心头。我特地来到王国维纪念碑前，这是梁思成设计并由陈寅恪题写碑文的著名纪念碑。冬日的阳光透过苍劲的枯枝洒到碑上，也洒在"独立之精神，自由之思想"几个大字上……

2020 年 12 月 3 日

我的心有一半留在马边了

一

如果不是马边县委副书记陈劲松的邀请，我可能一辈子都不会到马边去。虽然从小就隐约听说过马边这个地名，长大后在乐山工作时，知道马边是很偏远的彝族自治县，但是"马边"二字一直是我头脑中的一个概念，是"在那遥远的地方"。我从来没想过马边与我有什么关系，更从没想过要去这个"遥远的地方"。

尽管都说目前交通方便多了，但从成都到马边依然有五个多小时的车程。从成都出发，一过沐川，便进入绿色的海洋，眼前山路弯弯，两边峰峦巍巍，峰回路转，满目苍翠，时不时还有竹海、湖泊、农舍、小镇……没想到这一路上的风景这么美，真的是"养在深闺人未识"。

傍晚，车到马边郊外的一个山坡上，路边有一个观景台。站在上面俯瞰，弯弯的马边河环绕着小城；仔细看去，街道、小巷、高楼、虹桥……一览无余。对面炮台山默默矗立，山顶的古炮台隐约可见。

晚上，马边下起了淅淅沥沥的小雨。在酒店房间，透过流淌着雨水的玻璃窗看出去，路边的灯光、河上的桥影、对岸的霓虹……朦朦胧胧，如一幅颜料未干的油画。

二

马边，是中央纪委定点扶贫的全国性贫困县。邀请我去的县委副书记陈劲松便是中纪委下派的挂职锻炼干部，他在这里已经工作两年了。在马边的两天，他的干练、勤勉、务实给我留下了深刻的印象。他陪我参观，陪我考察，陪我吃饭，还全程听我讲座，其间时不时还要接待其他来访的专家客人，结果一样都没耽误。我说他"分身有术，一心多用"。

还有县委宣传部周启梅部长、教育局李灵局长、罗文学书记、罗相东督学等领导，他们都是马边本地成长起来的干部，给我的感觉都非常朴实，丝毫没有官腔套话。言谈之间，我能明显感觉到他们是真正爱着自己的家乡，真心想通过自己的努力让马边发生积极的变化。

也的确发生了变化。当我在微信朋友圈里发马边的照片时，去过马边的朋友纷纷点赞："马边变化太大了！""比十年前漂亮了何止十倍！"的确，无论漫步在县城街巷，还是行走于乡村学校，到处都是崭新的。因此可以感到国家对马边扶贫的重视。为我开车的小伙子说："李老师，我可以毫不夸张地说，在马边包括下面的乡镇，你只要看到最美的建筑，那肯定是学校！"

小伙子说的真不是假话。在马边两天，我参观了马边第一初级中学、民建小学、小谷溪学校。每所学校的硬件——无论是教学楼和运动场，还是教室和餐厅，都很漂亮。我对校长说，真没想到，马边的校舍一点都不比发达地区大都市的学校差。在马边第一初级中学，校长跟我说国家对孩子们的资助：每个学生几乎不花一分钱，连住校生的被子、床垫等生活品都是免费提供，每个孩子每个月还有 170 元生活费，走读的孩子每天有 4 元钱的伙食补贴。

百年老校民建小学，2014 年国家斥巨资修建了新校园，六年过去了，校园依然是簇新的。不光教学楼和操场是高品质建设和配置，校长和老师们还注重校园文化建设。得益于东西部扶贫协作的浙江省绍兴市越城区的大力支持，他们使鲁迅笔下的"百草园"和"三味书屋"再现于校园的一个绿色的小坡上。校园里还充满浓浓的陶行知气息。

三

印象最深的，还是距马边县城20公里的深度贫困村小谷溪学校。这是一所大山深处的学校。

小谷溪学校以所在的小谷溪村命名。乐山作家林雪儿在其报告文学《小谷溪村的今生》中写道——

小谷溪这个名字听起来蛮有诗意。一条小溪从山谷里流过，溪流旁的平地里可以种少量的谷子，而面积达三十六平方公里的土地多数是陡而峭的高山，平均海拔高度从约八百米到约一千六百米。这是彝苗汉杂居村，汉族仅占百分之零点四一。贫困发生率百分之六十点零八，是马边乃至乐山的贫中之贫。

但进了小谷溪村，路边村民的房子完全不是我想象的那么破旧，还比较整洁。在一堵墙上写着："美丽如油菜花一样灿烂，幸福像小谷溪一样欢快。"这应该是"人民对美好生活的向往"吧！

沿着一条小道往里面走，陆陆续续有孩子迎面而来，他们很大方地向我们挥手："叔叔好！"原来我们来到一所学校的校门口了。

在这山谷里，拔地而起的四层教学大楼格外壮观，让周围包括村委会在内的房子都相形见绌。学校周围都是墨绿色的高山峭壁，如翡翠屏障一般拱卫着学校。山腰缓缓飘着云雾，雄伟的大山，平添了几分妩媚。

四

小谷溪学校是由中央纪委直接出资 500 万元加上爱心企业捐赠，新建的一所学校，今年 9 月正式投入使用。杨进校长一边带着我转校园，一边给我介绍学校的基本情况："我们学校就这两栋房子，一栋是综合教学楼，有 1400 平方米，包括教室和办公室等。还有一栋楼呢，有 930 平方米，一楼、二楼是厨房和餐厅，三楼和四楼是教师的住宅周转房。"

我问杨校长："你们只是小学吗？"他说："还有幼儿园。"然后，他给我介绍学生基本的情况：学校有两个幼儿班级，分大、小两个班，共有幼儿 44 名，有 2 名幼儿教师，2 名保育员。小学有一至五年级 5 个班级，一年级有学生 35 名，二年级有学生 24 名，三年级有学生 17 名，四年级有学生 14 名，五年级有学生 13 名，共有小学生 103 名。

在阅览室，我见到学校的老师们。他们都是二十来岁的年轻人，小伙子帅气，姑娘们漂亮，一个个青春袭人。杨校长给我介绍道："学校有语文教师 5 名，数学教师 5 名，体育舞蹈教师 1 名，中心校兼职管理人员 1 名。其中乐山嘉祥支教教师 2 名，马边民建小学支教教师 1 名。"

五

谈到学校硬件改善了但师资建设需要加强，陈劲松副书记说："李校长，我有个不情之请，您能否担任小谷溪学校的荣誉校长？"我不假思索地回答："不胜荣幸啊！"

在校长办公室，杨校长给我讲了学校近期的办学目标："建设马边美好学校，打造马边乡村示范校园。能编写出村级学校校本教材，希望能建成乡村特色学校。"

我非常赞赏，问他课程情况。他说，除了正常实施国家课程，他们自己还开发了四大特色课程：

第一，溪流水淙淙——自然：环境＋活动课程（包括语文拓展：读一篇溪流的文章，写一首溪流的诗歌，写一篇溪流的故事；艺术拓展：唱一首溪流的歌，画一幅溪流的画作，拍一组溪流的照片；科学拓展：调查小谷溪生物，调查小谷溪水质，一起保护小谷溪；社会拓展：小谷溪水从哪里来，小谷溪与家乡的关系，生命之河的前世今生；体育拓展：打水漂儿，戏水游戏，沿溪而上……）。

第二，读书声朗朗——经典：环境＋活动课程（包括图书漂流、作家进校园、阅读马拉松、阅读交流墙、乡村少年宫、校刊征文、阅读体验……）。

第三，茶韵香幽幽——生活：环境＋活动课程。

第四，青藤绿蔓蔓——生态：环境＋活动课程。

我说："非常好！好就好在这些课程都散发着本地乡土气息！"

他们设计的"谷溪教育月"活动也很有意思，就是每个月一个主题活动——

1月迎新季（爱传统，民俗辞旧迎新活动），2月悦读季（爱阅读，谷溪阅读之星展风采），3月助人季（助别人，助人为乐，与爱同行），4月感恩季（爱成长，我的生日我成长实践），5月理想季（树理想，磨剑试锋，成功教育），6月游戏季（爱传统，民俗夏季游戏活动），7、8月旅行季（爱生活，我眼中的世界），9月开学季（爱校园，开启学习之旅），10月健身季（爱锻炼，师生兴趣运动会），11月科技季（爱创意，科技作品制作展），12月文艺季（爱文艺，梦想秀艺术节）。

我一下想到新教育实验所倡导的"推进每月一事"。我说："你们好多做法，和新教育实验不谋而合呀！"

于是，我建议他们加入新教育实验。我说："新教育实验不过就是让教育回到本来的样子！你们的好多做法，都和新教育的'营造书香校园''开发卓越课程''推进每月一事'等相通。"

我给杨校长简单介绍了新教育的十大行动，他立刻表示愿意加入。

六

十多位老师都进来了，在校长办公室围坐成一圈。陈书记半开玩笑半认真地说："现在，由荣誉校长李镇西老师主持学校工作会议。"

我乐了："我的确很想和老师们聊聊。"

我说："我送你们一句话，就是'用一生的时间去寻找那个让自己吃惊的我'。这句话是近几年我经常在外面作讲座时的主题。这句话的前提就是，每一个人的内心深处都潜藏着一个卓越的自己。卓越到怎样的程度，你们现在完全不知道，要用一生的时间和实践去发现。"

我讲到了去年去意大利佛罗伦萨："在佛罗伦萨美术学院，我看到了米开朗基罗所创作的雕像《大卫》的原作。当时我被震撼了。虽然是冰冷的大理石雕塑，但大卫青春勃发，坚毅的眼神、富有爆发力的双手、胸部的肋骨、饱满肌肉所形成的波纹、皮肤下凸起的关节和血管……都让人感到生命力的蓬勃与鲜活。但更让我震撼的是米开朗基罗对他创作这尊雕像的说明，他说：'大卫并不是我创作的，他本来就存在于这大理石中。我做的只是凿去多余的石头，去掉那些不该有的大理石，大卫就诞生了。'"

我又说："我一下子想到了教师的专业成长。所谓'成长'，不也是不断'凿'去那些限制自己的多余的外壳和多余的部分吗？刚才我说了，每一个人的内心深处都潜藏着一个卓越的自己。我们所有人最初都是沉睡的大理石，但石头里面潜藏着'大卫'。所谓'潜藏'，意味着最初这个'卓越的自己'被各种外壳和多余的部分掩盖着。我们要做的，就是不断地挖掘和雕琢，一点点地剥除外壳，剔除冗赘。当我们内心深处那个'大卫'渐渐显露出来的时候，我们便获得了成长，走向了卓越。"

七

离开马边的最后一天，我在县政务中心的一间报告厅，为 300 多位教师和教育局全体干部作了一个讲座："什么是好的教育"。

所谓"讲座"，其实就是讲故事。我从十多个方面展开我的故事：好的校园，就是好的教育；好的校长，就是好的教育；关爱"差生"的教育，就是好的教育；好的老师，就是好的教育；把孩子放在心上的教育，就是好的教育；和孩子水乳交融的教育，就是好的教育；编织童话的教育，就是好的教育；关注"这一个"孩子的教育，就是好的教育；既有出色分数又有浪漫生活的教育，就是好的教育；尊重每一个孩子未来的教育，就是好的教育；充满诗意的教育，就是好的教育；给孩子的一生留下温馨记忆的教育，就是好的教育……

在讲到"好的老师，就是好的教育"时，我说："被孩子依恋的老师，就是好老师！"说着，我打出了小谷溪学校曲别阿静老师朋友圈里的一段文字——

我的第一个一年级

我记不得这些孩子是第几次给我打电话了，今天接到电话我正在忙，匆匆聊了几句就挂断了，到了下午他们还是忍不住把电话打过来了。张欣、冬强、永强、程花等几个孩子一个接一个告诉我近况，说他们六年级了，问我还记得我的承诺吗。我的大脑迅速运转。天哪！他们三年级时给我打过电话，我说过，等他们读初中我就回去教他们。他们在等着我实现诺言，可是我却无法兑现了，也不知道今天是不是个表白日。听到每个孩子激动的声音——"曲老师，我们想你，我们爱你"，我哽咽得不行。老师食言了。我们那么多"第一次"重现：第一次放风筝，第一次戴红领巾，第一次剪个大圆，第一次拿奖状，我第一次当老师，你们第一次当学生……你们的花朵还在我眼前，你们的画稿作文还在我心间，你们从小可爱变成大孩子，你们也将从山野走向远方。一切越来越好了，你们也越来越棒。谢谢金小的老师们把你们带得那么好，谢谢我曾经并肩作战的好伙伴教会你们做人与感恩。谢谢你们教会我惦念与爱，我们一起加油。曲老师一定会去看你们。我爱你们，我的每个孩子！我也想你们！

我说："这段文字让我感动！曲老师被她的学生依恋，她就是一名好老师，也是一名幸福的老师！"

停了停，我又多说了几句："说实话，在座每一位都令我敬佩！我的境界远不如你们。至少当初大学毕业，如果要我到马边来教书，我肯定不会来的，而你们却坚守在这里。我真的要向你们学习。这也是这次我来马边最大的收获。教育行政部门不能苛责老师们视野狭窄、专业素质不高，而应该为老师们提供成长的条件，让老师们获得职业的幸福感。"

讲座结束时，陈劲松副书记正式向我颁发了"荣誉校长"的聘书。

八

吃过午饭，我就要离开马边了。

在饭桌上，我问陈劲松副书记、周启梅部长和李灵局长："我能为马边做点什么呢？或者说，马边教育现在的硬件条件这么好，你们还有什么困难，还缺什么吗？"

李局长说："我们现在缺老师啊！我们现在不奢望有多么优秀的老师，当务之急是要保证学校运转起来，排上课得有人去上啊！"

陈副书记对我说："李校长，您虽然是小谷溪学校的荣誉校长，但不能只关心小谷溪一所学校啊！"

我说:"我也是这样想的。我能力有限,但会尽我所能为马边教育效力的。"

昨天,我在朋友圈里写道——

我不会仅仅是"荣誉校长",我会给这所学校以实质性的效力,以后会经常来的。

昨晚,我的朋友、绵阳市语文老师谢首勇就在微信上对我说,他愿意将自己出版的散文集赠送给小谷溪学校的师生,每人一本;我的另一位在广东当校长的朋友王毅璐也说:"我的学校愿意和小谷溪结成手拉手学校,尽力提供帮助!"这两件事,我跟杨进校长一说,他立刻联系上了谢首勇老师和王毅璐校长。

我想到,上午讲座结束时,一个小姑娘上来对我说,她教书三年了,读过我的书,想和我拍张合影。拍照时我问她在哪所学校教书,她说了学校的名字,我又问她学校离县城多远,她说:"40多公里。"我一下就不忍再问了。

后来,我跟教育局领导们说起这个小姑娘,他们都说:"那学校很艰苦的,在山上。"

当时我的心情非常复杂。一个小姑娘,在那么偏远的山里守着一群孩子。她今天跟我说起她的学校和孩子时,依然是满脸笑容。

听李局长说他们这里现在最缺的是老师,我突然有一个想法,我对领导们说:"我试试,利用我的'镇西茶馆',在全国招募愿意来这里支教的志愿者,组成'李镇西马边支教团'。我想,中国这么大,总会有一批有理想、有爱心的教育者愿意来这里义务支教的!"

陈副书记、周部长和李局长都说:"好呀,好呀!如果真的有老师愿意来我们这里,那太好了!"

下午分别时,局领导给了我一个厚厚的信封,我知道里面装的是什么。我说："非常感谢！但我是来支教的，不是来挣钱的。"我硬是将信封退给了他们。

我踏上了返程之路，又是五个多小时的车程。沿着来的公路，车在弯弯曲曲的山路上穿行，依然是翠竹、农舍、湖泊、青山、云雾……离成都越来越近了，但我的思绪却一直还在小谷溪……

看来，这一辈子，我和马边教育是分不开了。

2020 年 9 月 26 日

马边，我们一定还会再来的

一

2021年9月10日晚上，我与李镇西博士工作站第三期和第四期的老师，陆续到达马边彝族自治县。

自从去年9月第一次去马边之后，我就觉得自己对马边有一份责任。我在"镇西茶馆"招募"李镇西马边支教团"，结果全国有上百人报名。今年8月，马边教育局通过面试考核，录用了50多位老师。8月下旬，我对工作站的老师说："今年，我们去马边送教吧，在那里过教师节！"

这次去马边的工作站老师共55人，大家各自驾车或拼车，在晚上9点钟以前到达马边磷都大酒店。去年我从成都到马边，要坐五个多小时的汽车，今年高速公路通了，只需三个小时。

晚上9点过，我感觉身体有些不舒服，打算早点休息。刚迷迷糊糊睡着，第三期班长李雅蕾和工作站班主任王兮老师分别给我打电话，请我去大厅见见大家，说有"惊喜"。

我从九楼乘电梯抵达一楼，刚出电梯，便被欢呼声包围了。老师们列队于两旁，齐声说："祝李老师教师节快乐！"然后，鲜花送到了我怀里，掌声和笑声响起了……

老师们把我引到一个巨大的蛋糕面前，圆形蛋糕洁白的奶油上，写着一行大字："过一种幸福完整的教育生活！"老师们递上来一支心形的小蜡烛，为我点燃，说："这是新教育的火种。"然后，大家纷纷将小蜡烛伸过来点燃，象征我把新教育之火传递给大家。

最后，我们把几十支蜡烛插在蛋糕上，辉煌的烛光映照着老师们青春的脸庞，无比美丽。

大家围着我开始唱歌——

送给你小心心
送你花一朵
你在我生命中
太多的感动
你是我的天使
一路指引我
……

我热泪盈眶。我从来没听过这首歌，但第一次听我就感觉这是我听过的最感人的歌！

我问老师们这是什么歌，他们说是孩子唱的，歌名叫《听我说谢谢你》。我说："你们唱得太好啦！"第四期老师提议："这以后就是我们工作站的班歌了！"

退休已经三年了，可每一年的教师节，我都会收获历届学生的祝福和感动。今年在马边的教师节，特别而有意义，让我格外感动。

（此刻，我正在追忆中写这篇文章，在网上搜到《听我说谢谢你》这首歌，在手机播放的歌声中，完成这篇文章。）

二

第二天上午在马边中学，卢玥老师和李杰老师分别为初一昌群励志班的孩子上了一节语文课和数学课。卢玥的课优雅而亲切，上的是一堂作文指导课。她引导孩子们从秋天中发现自己感觉到的美，并用文字将这种美表达出来。整个课堂在轻松自然中给人以美的享受。李杰的课大气而潇洒，他讲的是"以数学的眼光看待生活"，引导孩子们在生活中发现数学，理解数学就在我们的生活中。

听课结束后，应学校邀请，我给初一全年级四个班的孩子作演讲。事前我心里装了几个故事，但没有确定的主题，想先听听孩子们希望我讲什么，然后我再确定内容。

演讲一开始，我就说："现在是九点五十分，学校领导希望我讲到十一点半，这100分钟里，同学们希望我讲点什么呢？或者说，你们最想听我讲什么呢？"

孩子们提了四个请求："给我们介绍一下你自己。""讲讲你是怎么考上博士的。""讲讲学习方法吧。""你为什么要来马边？"

于是，我便给同学们讲这四点。我先回答了"为什么要来马边"这个问题，我讲了我和马边的偶然结缘，以及自己尽力关注并效力马边教育的一些事。结合介绍我自己，我讲了自己考博的经过，还一并讲了我的求学经历，包括下乡当知青时如何坚持没有功利的阅读，却意外参加了突然恢复的高考，成为1977级大学生。给孩子们讲学习方法，我侧重讲了三点：第一，不要用粗心来原谅自己，没有"粗心"，只有知识不熟练；第二，把练习当考试，把考试当练习；第三，最好的学习是给别人讲。当然，我不是抽象地说这么几个原则，而是讲故事、打比方，孩子们听得乐呵呵的。

不知不觉时间过了一半，我心里想：不下课他们也不疲倦吗？可孩子们还兴致勃勃，一双双眼睛都凝视着我，希望我继续讲。于是，我给他们讲了三句话。

第一句话，我说的是我所任教的武侯实验中学的校训。我指着窗外正在为我们拍照的一位小姑娘说："她是我以前在武侯实验中学的学生。这句校训是什么呢？让她告诉你们吧！"拍照的小姑娘叫谭诗语，现在也是一名老师，是李镇西博士工作站的一员。她在窗口对着教室里面的孩子大声说："让人们因为我的存在而感到幸福！"

我先让孩子们谈自己对这句话的理解。有的孩子谈到了袁隆平的存在让全国人民感到了幸福，有一个孩子站起来说自己的贾老师如何对同学们好，让大家感到温暖。当时贾老师也在窗外站着听我的演讲。我说："贾老师对学生的爱，让你感到了幸福；此刻，你这样评价你的贾老师，窗外的贾老师因你而感到幸福。"还有一个孩子说，自己遇到困难时，同学们安慰自己。接下来，我又讲了好几个我经历过的故事，告诉孩子们，爱的表达有时候很简单，就是一个温暖的眼神、一个鼓励的手势、一段温馨的话语……我还特别强调，爱亲人、爱朋友容易，爱素不相识的善良的普通者更可贵。我说，一个国家的文明程度，不是看人们对领导的态度，而是看大家对弱者的态度，希望孩子们把点点滴滴的爱自然而然地送给自己身边需要帮助的普通劳动者，比如门卫保安、快递小哥、修鞋师傅、清洁工人……

我送给孩子们的第二句话是："战胜自己。"我同样先让孩子们起来说说自己对这句话的理解。然后，我讲了傅雷翻译《约翰·克利斯朵夫》时写在扉页上的一句话："真正的光明决不是永没有黑暗的时间，只是永不被黑暗所掩蔽罢了；真正的英雄决不是永没有卑下的情操，只是永不被卑下的情操所屈服罢了。"讲到这里，我稍微有些"偏题"，向孩子们介绍了傅雷这个人，以及傅聪的经历，还讲了《傅雷家书》里的一句话："先为人，次为艺术家，再为音乐家，终为钢琴家。"然后，我讲了"每一个人的内心深处都有两个'我'，这两个'我'随时都在灵魂深处搏斗，所谓'战胜自己'，就是用高尚的我战胜卑下的我"。我以我30多年前教过的一个学生杨嵩为例，讲他如何战胜自己，最后成为对社会有贡献的企业家的故事。

第三句话："我和他们不一样。"我还是让孩子们一起来谈如何理解这句话的含义。一个孩子说："就是看见别人优秀不和他比，因为我自己也有自己的优秀。"我表扬他说得非常好。我说，这话中的"我"就是在座每一个同学，而"我和他们不一样"有两个含义：第一个含义是，我和那些胸无大志、不思进取的同龄人不一样，我是有理想、有追求的人，他们可以不读书，不学习，沉迷游戏，自甘堕落，但我不能，因为"我和他们不一样"；第二个含义是，每一个人都有着自己独一无二的禀赋，就像刚才那位同学说的那样，他们很优秀，但我也有我的优秀，因为"我和他们不一样"。我讲了我过去好多学生的故事，说明一个人总有自己独特的智力优势和能力特长。学习成绩不好，不等于将来就没有出息，关键是要自己发现自己，自己发展自己，最后照样可以成为对社会、对国家有用的人。

最后，我说："你们的家乡马边风景优美，资源丰富，历史上也出过许多杰出的人，比如你们叫昌群励志班，贺昌群就是马边人。去年我来的时候，和马边的县领导一起吃饭，得知他们大多是马边人。我当时非常感动，我说：'你们出生于马边，成长于马边，现在又亲身建设马边，渴望家乡兴盛富强。'而你们，作为昌群励志班的孩子，是非常优秀的孩子，如果你们都没有理想，那马边的未来就完了！所以，我真心希望你们以后不管考上什么大学，不管从事什么工作，不管在哪里，心中一定要永远装着马边，一定要以不同的方式为马边的富强作出自己能够作出的贡献！用一生的行动来践行我送给你们的第一句话。"200 多个孩子一起大声说："让人们因我的存在而感到幸福！"

三

下午，我们一行 50 多位老师驱车离开马边县城，来到大山深处的小谷溪学校。一路上峰峦叠嶂，阳光灿烂。

去年我去过小谷溪学校，全校 100 多个学生，全是彝族孩子。学校拥有崭新的教学楼，漂亮的塑胶跑道，四面环山，风景秀丽。我们走进校园的时候，正值阳光灿烂。青葱的峰峦上面，是湛蓝的天空和缓缓飘动的白云。

三位老师给三年级 24 个孩子分别上了晨诵课、语文课和数学课。

王兮老师向孩子们展示了新教育的晨诵课——因为上课时已经是午后，所以其实是"午诵课"。一首关于阅读的小诗，在王老师的带领下，孩子们读得有滋有味。孩子们读了一遍又一遍。清朗的童声，是校园最美的乐音；孩子们黝黑的皮肤、亮晶晶的眼睛，是教室里最美的风景。

李苏老师的语文课讲的是《搭船的鸟》。李苏老师充满激情，她的课极富感染力，她的眼睛仿佛会说话，看着学生的时候总是充满鼓励和欣赏。有一个细节，一个孩子拿错书了，翻开了数学书，李老师却说："对不起，可能我没说清楚，应该是语文书。"这种体谅与包容，出自她对孩子自然而然的爱。

杨秀林老师的数学课讲的是"几分之几"。好老师只要一开口就有一种掩饰不住的优秀。杨老师是一位素养很高的老师，整个课堂流畅而严谨。她从生活出发，以即将到来的中秋节分月饼为例，很自然地切入了"几分之几"。整个教学过程中，她善于引导孩子思考并动手，和孩子一起研究探索。她的声音柔和而悦耳，脸上的笑容仿佛散发着芳香。

最后，我谈了谈我的感想。因为是工作站的活动，彼此都非常熟悉，而且我的所谓"评课"与任何功利（职称、评优、绩效等）无关，所以我在一一表扬了五位老师的亮点后，直接表达了我的观点——

课堂改革最核心的一点是什么？是师生关系的变化。再把这话说透，就是真正把学生放在首位，以尊重学生的心灵、满足学生的需要为教育的出发点和目的。

过去我们上课，更多想的是如何把知识有效地传递给学生，优秀老师的"优秀"主要体现在传递过程的生动形象、深入浅出、循循善诱，但核心还是从教师"如何教"出发。我们现在则应该从学生出发，从学的角度来设计教的节奏。我说的这个观点其实并不新，也不是我的原创。最近我在重读陶行知，陶行知早就说过："教的法子必须根据于学的法子。"

以这个理念来打量评判今天的几节课，尤其是下午小学的几堂课，如果要说美中不足，那就是太像公开课了。公开课有自己的套路，但所有套路都是去套学生跟着自己的思路走，而不是教师跟着学生的思路走。公开课必须呈现出完整的课程程序，而不允许不讲完。但是如果学生的思维正在燃烧，教师是不是要掐灭学生思想的火花，而急于按自己的设计把没讲完的讲完呢？过去我就是这样的，但现在来看，这是典型的教师中心主义，而无视孩子的学习特点。

当然，尊重孩子，依从孩子的思路，并非不要教师的作用，何况教材规定有教学任务、教学重点和难点，我们不可能抛开教材，而放任学生想到哪里就算哪里，任课堂漫无目的地流淌。这肯定不行的。所以真正以学生为本的有智慧的教师，总是善于在教学意图与学生需要之间找到一个契合点，或者说切入口，自然而然地把知识传授、能力训练的教学意图与学生的心灵需要和思维走向和谐统一在一起。这是我们需要一生追求的教育智慧和教学艺术。它完全可以从每一天的课堂做起。

我们上课，不是带着既有的设计、精确的程序来让学生进入圈套，而是带着"食材"来，和学生一起野炊，一起烹饪，这中间会有许多生成性的美妙。我希望课堂多一些叽叽喳喳，多一些自由自在，多一些自由舒展，多一些意想不到的精彩，而少一些统一的答案、整齐的掌声、假装的对话、表面的尊重、虚伪的民主。希望下次搞教学研讨，上课的老师一定不要试讲，千万不要打磨，争取在课堂上呈现出师生真实的互动，尤其是孩子们真实的思维状态，让他们的学习真实地发生。

第二天上午，在教育局罗相东副局长的陪同下，我们参观了马边县第一初级中学和马边县民建小学，罗副局长同时兼任这个学校的校长。漂亮的校园、崭新的教学楼以及校园文化景观，还有绿得醉人的环境，让老师们惊叹："这是校园吗？完全是公园！"还有老师说："是建在公园的学校！"说实话，即使在成都，这样的校园环境与硬件设施也是一流的。

罗副局长给我们介绍了马边扶贫攻坚战的辉煌成果。全国人民对马边的全力支援和马边人民自己不屈不挠的奋斗精神，让我们感动！今天的马边已经发生了翻天覆地的变化。李雅蕾老师说，她十多年前曾来过马边，而今天看到的马边完全不一样了。

说到马边的教育，可以毫不夸张地说，马边最美丽的地方是校园，最漂亮的建筑是学校。罗副局长说："这是党委政府对教育阻断贫穷代际传递的深刻认识，是教育优先发展的生动实践。"但他也说："我们马边的教育，硬件不软，软件不硬。"他指的是这里师资匮乏。他说，马边教育现在亟须的是，第一，有老师能够到马边来教书；第二，马边老师的专业素养有更大幅度的提升。

我对老师们说："马边的教育相对不是那么发达，但留在这里的老师非常了不起。昨天在马边中学，罗副局长就说那是他的母校，他就是马边中学毕业的，他还指着校园大树上挂着的一口钟说，当年就是敲钟上课的。罗副局长中师毕业后回到家乡做教育，一直做到今天。在马边，这样的老师还有很多。"

说到这里，有一句话我没说出口："面对他们，你有什么资格说自己'高尚'？"这话是对我自己的叩问。

我的确是这样想的，我现在是所谓"专家""特级""博士"……但如果当年大学毕业把我分到马边来，我肯定不愿来，因为这里太偏僻、太艰苦了，而我们马边本地的老师，在这里一干就是一辈子！从年轻时我就在都市工作，条件优越，讲"爱心"是很容易的，讲"素质教育"是很浪漫的，但如果几十年如一日在马边工作，还能这样吗？

我对老师们说："我希望老师们想想，我，也就是你们每一个人，能够以怎样的方式为马边教育效力。也许你们现在要来支教一年两年有困难，毕竟你们这个年龄，孩子小，家庭也有这样那样的困难，但可不可以想想以其他方式支援马边呢？"

在民建小学宽大的操场上，我们手拉手组成同心圆，表达我们的教育情怀；我们又在圆的中间摆了一颗心，表达我们的爱。我的无人机将这美丽的图案航拍了下来。

年轻的老师们与我以各种造型合影。和他们在一起，我再次感受到青春的激情。

今年的教师节，我和一群志同道合的年轻人一起在马边度过，非常开心。

告别马边时，我们每个人都在心里说："马边，我一定还会再来的！"

2021 年 9 月 12 日晚追记

贴着地面行走

——徒步大凉山纪实

一、"众筹的钱到哪儿去了"

上个月初，一位朋友发给我一个链接，是关于 21 世纪教育研究院的一个教育公益活动。

21 世纪教育研究院发起的教育公益徒步活动的名称叫"'知行者'公益徒步筹款活动"。顾名思义，该项活动旨在以"公益徒步 + 线上筹款"的方式，凝聚各方力量，在行走中共同探索乡村教育在当地的发展模式。此次凉山古里峡谷徒步，是"知行者"系列徒步的首次活动，也是内地首个山区徒步筹款探访活动。

我不假思索就报名参加了，还组织了我工作站的老师们参加。因为名额有限，我们这个团队只有 15 人赶在最后期限前报名成功。但报名成功不一定就完全获得了参与资格，所有报名者还必须通过众筹 2000 元获得参加徒步的资格。

这在逻辑上似乎说不过去：你要去徒步，让我给你出钱？上次我参加"千人走戈壁"活动，也是这个"逻辑"。当时，所有报名者都必须众筹 13999 元才有资格参加活动。开始我也觉得难为情，最后还是克服自己的心理障碍，众筹成功，顺利参加活动，最终徒步 108 公里，成功穿越戈壁沙漠无人区。

但这次我却一点心理负担都没有：为教育筹款无比光荣。如果说上次众筹是为了帮助自己徒步戈壁，那么这次众筹是为了支持农村的教师和孩子。所以，我不但发起众筹，还动员我工作站的老师发起众筹，众筹成功者和我一起奔赴凉山彝族自治州昭觉县考察当地民情和教育。

2022 年 7 月 8 日，我在"镇西茶馆"发出众筹请求——

本月 25 日，我将率领李镇西博士工作站 15 名年轻教师参加 21 世纪教育研究院发起并组织的赴四川省大凉山彝族地区的公益支教活动——"知行者"系列活动之古里峡谷徒步。

这次活动的规则有点类似于上次我参加的戈壁行走，也需要事先众筹一笔钱，每人需众筹 2000 元。我们这次共 15 位老师去，需要众筹 30000 元，否则我们将失去这次机会。特别说明：所有的钱都定向用于包括凉山昭觉县在内的"农村小规模学校发展共同体"的教师培训等项目。如果说上次众筹是为了帮助自己徒步行走穿越戈壁，那么这次众筹则是为了支持广大农村的教师和孩子。恳请大家像上次支持我赴戈壁行走一样支持我和我团队这次赴凉山的支教行动！

感谢朋友们的支持，30000 元筹款很快完成。但我继续呼吁：上不封顶，愿意支援的可以继续捐款。结果筹得 60682.26 元（含我自己的 10000元），加上李镇西工作站其他老师的众筹所得 24753.4 元，最后我们这个团队共筹款 85435.66 元。

我知道，由于种种原因，现在人们对"公益捐款"之类的活动不太轻易相信："众筹的钱到哪儿去了？"所以，我对每一位支持我众筹的朋友特别感恩，因为你们是出于对我的信任才捐出你们的爱心的。也正因为如此，我必须把这钱的去处给你们一个交代。这里我不得不多说几句。

这次凉山之行，是想身体力行地表达对凉山教育的支持，但又不是通常意义上的"支教"。我们不是去上课的，而是通过这次徒步为该地区的教育筹款，当然，在徒步过程中了解当地的人文风情和教育现状。

以往对边远落后地区的教育支持，往往是赞助教育经费，改善教育硬件条件，比如校舍和教学设备等，还有"送教下乡"，以及给孩子捐书捐物等。

这些当然都是必要的，但我们忽略了一个重要环节，就是教师整体素养（还不仅仅是所谓"专业成长"）的提升。外面的老师去支教毕竟是有限的，再有水平的老师哪怕去待一年两年，也是短期的，何况大多是蜻蜓点水似的去上一两堂"示范课"——我没有责怪支教老师的意思，实际上让外面的老师脱离自己的工作生活环境而长时间去边远地区沉下去做教育，并不现实，并非人人都是我敬仰的张桂梅，我更不是。

致力于以独立的立场开展教育研究与政策倡导、聚集教育界内外的民间智慧、推动中国教育改革与发展的 21 世纪教育研究院，于 2014 年成立"农村小规模学校发展共同体"（原"农村小规模学校联盟"），就是力图突破现有的"支教"模式，通过提供公益资源对接、暑期线下研学、办学经验共享、在线课程资源等联盟基础服务，为全国各地的农村小规模学校搭建汇集、整合多方力量的交流平台，抱团取暖，共谋发展。八年以来，共同体发起多期乡村教师培训、学校培育项目，并培育出范家小学、富文乡中心小学（电影《我和我的家乡·最后一课》结尾出现的"中国最美乡村小学"）等创新乡村学校。

本次大凉山公益徒步活动通过腾讯公益网络平台，筹集善款金额222764.35 元（含我和我团队筹集的 8 万余元），联动 3270 人。这些筹集的资金原本打算用于 2022 年暑期培训农村小规模学校校长和教师，由于最近几个月全国各地的疫情此起彼伏，今年暑期的计划未能全部完成。随着疫情的缓解和好转，计划中的"农村小规模学校发展共同体教师培训"一定会逐一落实的。总之，你们所支持的款项，一定会花到最该花的地方。

这就是有关筹款去向，也是我必须向朋友们交代的。请大家放心！我会珍视你们的信任的。

二、"他们就是天地、山林、晨曦、暮霭中的一部分"

2022 年 7 月 25 日，包括李镇西博士工作站 15 名成员在内的来自全国各地的 52 位"知行者"——他们中有研究院的理事、大学学者、一线校长和教师、学生、教育公益人、前政府官员、企业家……先在四川省凉山彝族自治州州府西昌集合，再经过三个小时的车程，最后于傍晚齐聚于凉山彝族自治州昭觉县日哈乡社工站。

日哈乡是凉山彝族自治州昭觉县下面的一个县辖乡，距县城 50 公里，面积 87.5 平方公里，人口约 5000 人。这个社工站，是凉山彝族妇女儿童发展中心于 2016 年与当地政府合作建立的。其实，这还不单纯是一个社工站，而是一个集乡村社工站、儿童希望之家和彝族文化传习馆为一体的具有彝族建筑风格的乡村公共建筑。

整个社工站其实就是山坡上的一个呈长方形的院子，三面为山坡上的房子，一面是围墙，围墙外是起伏的田野。社工站的主建筑是一幢大木质结构的二层土墙房，这就相当于社工站的"行政中心"。

我们一行人到达这里时，夕阳刚刚下山，漂浮于天空的云彩，互相嬉戏着，又彼此撕扯着，做着各种游戏。它们镀上金色的阳光，格外耀眼。山坡上，三三两两、高低错落地屹立着挺拔的树，耸入云天，与缓缓移动的云彩形成动静对比，遥相呼应，相映成趣。

时不时有穿着彝族服装的女孩们走过，一问，她们说今天晚上要给我们表演。我赶紧和小姑娘们一起合影。尽管她们有些羞涩，但只要笑起来，总是那么阳光、可爱。

晚餐是正宗的彝餐，看得出来主人是精心准备的。彝餐我以前吃过，就味道而言，和普通川菜区别不大，但因为每一道菜的分量足，就和一般的川菜区别开来了。每一道菜都是满满的甚至堆得尖尖的一大碗，里面的肉不是一片一片，而是一大坨一大坨，真是豪放。在我看来，这是彝餐和川菜的最大区别。

当晚的一场篝火晚会就把我感染了，也让我震撼。参加演出的有德高望重的彝族长老，有朴实憨厚的男女青年，还有活泼可爱中有一点羞涩的孩子……他们弹琴、歌唱、跳舞，显然是经过认真准备的，想把最美好的节目献给我们。

我说的"感染"和"震撼"不是说他们的每一个节目有多么精致、完美，而是他们表现出来的热情和质朴。最打动我的节目，是一群彝族男孩和姑娘们的合唱。他们唱的歌词我完全没听清楚，但他们无拘无束的嗓音，映着火光的脸庞，还有随着歌声自然而然摇动的身体，以及脸上那种无比纯真的笑容……都让我有一种泉水从心田流过的感觉。

被这歌声感染和震撼的不止我一个人，同行的郭文红老师后来在其公号"朴素小屋"的文章中这样写道："等到那群彝族姑娘和小伙上场的时候，我开始细细体味那歌、那声、那情、那体态、那表情，我突然感觉他们好像不是在表演给我们看的，而是自我生命的一种倾诉、一种展现，他们就是天地、山林、晨曦、暮霭中的一部分，那么纯朴，那么美丽，那么富有生命力，带着原始的张力将我们深深吸引，我发现自己沦陷了，深深地沉醉其中。"

是的，"他们就是天地、山林、晨曦、暮霭中的一部分"！

既然是精心准备的这个晚会，那么这些孩子应该是学过声乐的，至少应该是在当地艺术职业学校经过一些训练，不然他们不会这么专业。

果然，中央民族大学西部发展研究中心副主任、凉山彝族妇女儿童发展中心执行理事侯远高告诉我："他们还应邀去过中央电视台演唱。"因为亲耳听了他们的歌声，对侯远高先生的介绍，我没有感到意外。但他接着说的一句话却让我吃惊："这群孩子都是孤儿，父母因各种原因去世了。他们都是我们爱心学校的孩子。"

那一刻，我岂止是吃惊，可以说无比震惊，继而又十分感动。

震惊的是这群脸上挂着微笑、唱出天籁之音的活泼可爱的孩子们，竟然都是孤儿！每一个孩子的背后，一定都有着令人叹息的故事，我不便多问。而让我感动的是，侯主任所说的"爱心学校"将这些孩子培养得这么阳光，让他们的歌声飞出大凉山，在更广阔的天地里荡漾，这里面又该有着怎样打动人心的故事？

篝火依然在燃烧，围着篝火载歌载舞的彝族小伙子和姑娘们依然激情澎湃。我不停地为他们拍照，却忍不住想，能够如此落落大方向"外面的人"展示风采的彝族孩子毕竟还是少数，而大多数孩子可能连自己的村子都没走出去过，他们依然生活在贫穷和愚昧之中。

入夜，大家该洗漱睡觉了。所谓"洗漱"，就是站在屋檐边漱漱口，然后把毛巾打湿了擦擦脸而已，洗澡想都别想。但大家早有思想准备，到这里来就是吃苦的，所以依然乐呵呵的。

睡觉是几十个人一个大房间，里面放着许多上下床。可能考虑到我年长，他们给我在"行政中心"那幢大房子里找了一间几乎仅能容身的微型阁楼间。近乎90度的木楼梯，让我上楼时稍微犹豫了一下。上去后，走起路来感觉整个屋子都在摇晃。关键是整个房子里都没有卫生间，半夜想方便的话，得摸索着到外面去。不过，想起年轻人都是几十个人一个房间，我这"单间"算是很"奢侈"的了。

三、"乡村教育对于我来说就是命运的安排"

到日哈乡社工站那天晚上，一个年轻人来到我房间找我："李老师，我就是刘鹏。您有什么需要，随时找我。"

"哦，你就是刘鹏啊！小伙子真帅！"我说。

我们在网上认识一段时间了，今天第一次见面。参加这次徒步活动，21世纪教育研究院就是通过他跟我联系的，我们在微信上有过交流。我知道他是21世纪教育研究院农村中心执行主任，研究院有关农村教育的工作都由他和相关同事负责。比如，这次公益徒步活动，刘鹏就是具体的组织者之一。

这小伙子很快引起了我的注意。他给我的感觉是真诚、朴实、阳光、干练。在篝火晚会上，他还表演了节目，让我看到了他的多才多艺。当我知道他大学毕业后一直在西部地区乡村支教后，对他更加欣赏。

那天，我和他聊了一会儿，时间不算长，却让我更加走进了一个热爱乡村教育的年轻人的心。

我问："听说你已经有8年乡村教育的经历了，你如何定义自己的身份？"

他说："是的，作为一个有着8年公益经历的乡村工作者，我庆幸自己这8年一直服务于大凉山以及甘肃、青海、湖南、贵州、北京、上海的部分留守和流动儿童，累计对接6个省16个县1583所乡村学校。如果要定义我的身份，我想这样说，我是一个把教育生态建设作为事业的乡村工作者。"

"事业？你用这两个字让我很感动。"我说，"现在的大学毕业生一般都选择留在都市工作，而你却选择了乡村教育。当然，不是说其他年轻人就错了，但我感兴趣的是，你怎么就走上了这条路呢？你学的是师范专业吗？"

他回答道："说起来，也算是一个机缘吧。其实我大学学的是经济学。2014年在江西财大毕业前，我踏上了京藏线的骑行之路。一路的山川河流、日升月落让我感动，感受最深的还是进入藏区以后碰到的那些孩子。可能是这些孩子促成了我后面的选择。他们虽然衣着破烂，但清澈的眼神和稚嫩的声音使我动容，让我觉得能陪伴这些孩子成长是一件很幸福的事情，也有义务给他们做一些力所能及的事情。于是我决定去支教，到最艰苦、最需要我的地方。骑行结束后，我去了四川大凉山。就这样，毕业之后，我成了一名支教老师。"

我又问："你一开始就是在大凉山支教吗？"

"是的。"他点头说，"最早是在大凉山美姑县，那是2014年10月。"

我说："一晃8年过去了。这8年中，你一定有许多感受，有许多收获。你能否给我讲一件特别难忘的事或一个人呢？"

他略微想了想，说："我讲一个孩子吧。记得那是一个普通的星期天的傍晚，我在宿舍门前和一个叫阿背格布的孩子有一搭没一搭地聊着天，说是聊天，其实多半是他说我听。他说，读完五年级就不想读书了，因为爸爸妈妈不在家里，奶奶一个人照顾着他和弟弟妹妹十分辛苦，他想通过打工帮助奶奶减轻负担。说实话，孩子的一番话看似平常，却让我深受触动。这让我到大凉山之后对于贫困有了新的认识。贫困是帮不完的，真正触动我的是他的坚强和根植内心的希望。这个孩子倔强地告诉我，他每天晚上都会梦到鬼但从来都没有害怕过，我感动于这个单薄的身体散发出来的力量。资源的稀缺是永恒的主题，我从来没想过通过公益能消除贫富差距，但可以通过我们的努力，保持阶层之间上升渠道的存在和畅通，这就是我做公益的意义，希望给这些孩子和自己一个通过努力可以成才的机会。"

我再次深深地感动了。我问："可能正是因为这些孩子，你认识到了你做公益的价值，并逐步坚定了你做公益的信仰。"

"的确是这样！"他说，"但我觉得，做公益并不是单纯地输出，即纯粹地帮助别人，其实在这个过程中我也必须不停地提升自己，即输入。只有提升并充实了自己，才能更好地服务别人。"

"你如何提升和丰富自己呢？"我问。

他说："我认为可以从'道'和'术'两个方面来说。在'道'方面，我希望自己活得真实、踏实。不论是骑行、跑马拉松，还是读书、支教及专职做公益，我都希望自己能通过身体力行的实践在身心两个方面有所精进，通过自己的努力享受生活，也能帮助别人享受生活。在'术'方面，首先我要对中国西部地区教育及公益机构现状有一定的了解；其次，我一年32次高密度飞行，涉足全国多个省和县，多方接触和面对省教育厅、县教育局、学校、企业等，这给了我一个看待社会问题的更立体的视角，让我明白想要做事业不仅仅局限于自己的一亩三分地，还需考虑内、外部关系才能调整自己的策略，更好地实现既定的目标和理想，躬身入局拥抱变化的发生。我还将继续做下去。"

我问："刚才你说了，你做公益是缘于一次骑行，看起来好像是偶然的。那么，最后选择乡村教育一做就是 8 年，而且你说你还将继续做下去，这对你来说是必然的吗？"

他说："怎么说呢？我想到了泰戈尔的一首诗中的几句，我念给你听听。"

他吟诵起来——

世界对你，就好似老奶奶摇动纺车时低声吟唱的小曲，毫无意义也无目的，又充满随心所欲的想象。但是，有谁知道，也许就在这闷热倦人的正午，那个陌生人提着满篮奇特的货物，已经上路？他响亮地呼唤着路过你的门前时，你便会从依稀的梦中惊醒，将窗儿洞开，抛下面纱，走出房门，去迎接命运的安排。

"乡村教育对于我来说就是命运的安排。"他平静地说。

四、"不容易！了不起！"

全国那么大，贫困地区那么多，21 世纪教育研究院为什么偏偏把这次的公益徒步活动放在凉山彝族自治州？

这和一个人有关系。这个人叫侯远高。

到达日哈乡的那天晚上，我第一次见到侯远高，没太看出他的与众不同，只觉其貌不扬，穿着也非常朴素。但是见他忙上忙下，俨然是这里的主人，至少是负责张罗这次活动的人之一，我只当他是当地的一位退休教师，欢迎我们这些"外地人"到他家乡做公益。

后来才知道，这里的确是他的家乡，他就是凉山土生土长的彝族人，他现在就住在凉山。但和大多数彝族人不同的是，他考上了大学，而且走到了北京，曾在中央民族大学任教。

我大吃一惊，赶紧拿出手机，在百度上搜索他的简介。

我很好奇，在中央民族大学工作的他，又怎么回到了自己的家乡呢？

从这片土地走出去，最后又走回来，当然是缘于他对家乡挥之不去的情感，以及由这份感情而产生的对家乡教育的忧虑和责任。他扎根凉山地区，对儿童现状和教育生态进行了大量的田野调查，掌握了许多第一手数据。

我从侯远高主任给我的一份由他主持调研的《凉山彝族乡村儿童养育与保护状况调研报告》中得到一些数据。他们在凉山州越西县和昭觉县一共选取了 3 个纯彝族聚居行政村，普查了 338 户有儿童的家庭。虽然只是越西县和昭觉县的调查数据，但这两个县的数据是能够代表凉山地区的普遍情况的。

我从调查数据中了解到当地儿童的一些基本信息：家庭类型复杂，破碎家庭比例达 14.5%；儿童类型复杂，困难儿童比例高达 50% 以上；基本生活缺乏充分保障的比例高达 52.7%；父母受教育程度很低，文盲率约 50%，小学文化程度的占 34%；家庭生计来源仍以务农为主，打工收入不足以解决家庭贫困问题；儿童健康状况堪忧（大多数儿童身高和体重偏低，饮食结构单一，蛋白质、新鲜蔬菜及水果摄入严重不足，当地儿童的营养水平低于世界最欠发达的地区）。

贫困和教育资源的匮乏，导致失辍学现象频发，特别是初中阶段失辍学率仍然比较高。在 13~17 岁阶段的问卷调查中，辍学的孩子占到 10.2%，没有上过学的孩子占 3.6%。值得注意的是，经济能力不足依然是导致辍学现象发生的原因之一。

从调查数据看，学校教学质量极差，大多数学生的学习成绩不及格。7~12 岁的学生，语文成绩及格率仅为 20.7%，数学及格率为 44.2%；13~17 岁的学生，语文和数学的及格率分别为 37.6% 和 36.9%。

调查还发现，情感的缺失也是普遍存在的问题。13~17 岁阶段的孩子与外出打工的父母的联系频率在一周一次及以上的只占 52.1%，孩子们普遍缺乏情感交流和倾诉对象，容易造成性格内向孤僻、自卑、不善与人沟通以及不合群等，这对儿童心理的健康成长影响极大。

令人忧虑的是，大多数监护人缺乏教育孩子的意识和能力。教育意识和能力的缺失主要体现为：一是家长文化素质低，不能辅导孩子学习；二是不太关心孩子的考试成绩和行为表现；三是对教育的认识存在偏差，反映在家长对孩子辍学的态度上。调查数据显示，13~17 岁阶段的孩子中依然在读的只有 85.4%。

不只是充分调研，更可贵的是侯远高和他的团队在实践中探索了一种救助模式：在失依儿童比较多的乡镇中心小学开办全寄宿制的爱心班，由学校教师负责课堂教学，由驻校社工提供生活照顾、心理疏导和素质教育。

于是，2010 年 9 月，凉山州第一所公办民助的慈善公益学校"美姑县爱心学校"诞生了。该校招生对象为父母双方或一方死亡的 12 岁以下的儿童，每年招收两个班，共计 100~120 人。从爱心学校毕业以后，学校继续资助他们完成初中学业。初中毕业以后，成绩好的升高中，成绩一般的去读职业学校。有一部分学生初中毕业以后不愿意继续读书，就去打工了。

2012 年 12 月，温家宝总理赴凉山考察艾滋病防治工作，到昭觉县四开乡中心小学看望了爱心学校的孩子。

截至 2021 年 9 月，美姑县爱心学校从全县的双孤和单孤儿童中，共招收和资助了 1350 名小学生、689 名初中生、172 名高中生。其中，已有 100 多人考上了大学。

去年，彝族少年乐队"拾光者计划"获得中国彝歌会冠军。最近，乐队创作的一首大凉山禁毒主题曲《你是自己的光》，再一次引起不小的反响。他们的故事被媒体称为现实版《放牛班的春天》。"拾光者计划"乐队的六位成员都是从爱心学校走出来的学生。阳光的外表和自信的笑容，让人难以想象他们是来自大山深处的单亲困难家庭。

那天晚上在篝火前为我们演唱的孩子们，正是爱心学校的学生。难怪侯远高那么自豪地给我们介绍。

我发自内心地送侯远高先生六个字："不容易！了不起！"

他却淡淡地回答："做一点应该做的事而已。"

当然，需要帮助甚至救助的远不只是已经就读爱心学校的孩子。我们能够做的，就是尽可能呼吁社会关注更多的彝族儿童，并尽我们的能力帮助他们。

这就是我们这次大凉山公益徒步活动的意义所在。

五、"您就是个卷王！"

这次徒步有两条线路：一条 50 公里，一条 15 公里。出发前报名时，我毫不犹豫地报了 50 公里，因为我刚在戈壁走完 108 公里，这 50 公里岂不是小菜一碟？

可工作站的老师也跟着我"毫不犹豫"地报了 50 公里，我想，除了袁志雷和邓冬华两个是小伙子，其他老师都是柔弱女子，一天之内走完 50 公里肯定有困难，或者说几乎是不可能的。到时候走到半路出现问题，还要给组委会添麻烦，她们也很尴尬：继续走吧，实在走不动了；不走吧，又太丢面子。

于是，我决定改报 15 公里，并在群里说："我命令，都报 15 公里，我陪着大家也走 15 公里。"我还说："为了让大家没有自卑感和负罪感，你们可以这样想：其实我本来是要报 50 公里的，但李老师强迫我们只能报 15 公里，我也没办法，只好服从。"

到达日哈乡的第二天早晨六点过，走 50 公里的队伍便出发了。八点过，车载着我们走 15 公里的团队艰难地在山路上盘旋着往上爬，爬至山顶，我们下了车。这是我们徒步的起点。

　　真是天高地阔——不对，应该是"山阔"。我们好像置身地球的至高点，往上看，没有一丝白云，碧湖一般的天离我们那么近，仿佛一伸手就会戳到"湖面"，荡起阵阵涟漪；往下看，洒满阳光的山峦，远远近近，高高低低，起起伏伏，舒舒缓缓……让人不假思索地想到一个词：苍山如海。

　　虽然海拔已经上千，但我们嬉笑着、跳跃着，不知道怎样表达自己的兴奋。仿佛突然飞出笼子的鸟儿，我们呼吸着自由的空气，胸襟一下变得空前开阔。我的心灵也舒展开来，双腿和年轻人一样腾跃了起来。

　　我放飞了无人机，借助"上帝的视角"重新打量这片群山。在航拍的镜头中，大凉山如一条条盘旋交缠的巨龙，横亘在蓝天之下。对着天空跳跃的人们，如同蚂蚁一般渺小。

　　是的，在大自然面前，人的确是渺小的。但渺小的我们豪情万丈，脚踏在大凉山的脊背上，决心走完 15 公里。

　　我感觉自己在放无人机时，大部队便已经走了。等我收回无人机后，便疾步往前赶。最初跟着我的同伴还有好几个，但渐渐地，她们跟不上了，只有邓冬华、刘璐和袁媛跟着我。

　　这几个年轻人要我讲故事。于是，我便给他们讲我小时候的故事，然后是求学和工作。我在讲的时候，仿佛把自己放在故事里，又重新年轻了一次。他们没听够，请我继续讲。于是，我又讲我的父亲和母亲，给他们讲那一代人的命运，其实也是给他们讲历史。在讲我父母的时候，我的眼前便浮现出他们的容颜，于是，我又在故事里和离开我多年的爸爸妈妈重逢了。讲着讲着，我们已经走了很远，但讲故事和听故事的人好像并不觉得有多么累。于是，他们继续"缠"着我，要我讲我的"爱情"，于是我又给他们讲我的恋爱往事……他们听得津津有味。我开玩笑说："你们把我的隐私都扒光了！"

一边讲，一边欣赏风光。看到令人心动的景致，我便暂停讲述，和他们一起拍照。我们一直走在山顶，只是这山顶好像老也走不完，但景物却随时变换——有时是一片缓坡，上面星星点点布满耀眼的野花，远处还有一匹马悠闲地甩着尾巴低头吃草，它的头上刚好是一朵洁白的云；有时是沟壑千里，我们仿佛在悬崖边，目光越过眼前的灌木或草丛而投向远方的山脉乃至更远的天边；有时候是群山争雄，让我想到宋代郭印的一句"地阔群山争逶迤，天低远树立微茫"，而一条小路把我们的视线引向大山深处的白云边，可谓"群山四向盘青云，山足一径萦云根"（宋代金君卿）；有时候是一座巨峰凸起，肃穆威严，如万山领袖——当然也领秀，它头顶的天幕上，是几团白云在魔术般地变换着各种造型……

我也算是走遍了祖国大地，但从来没有见过这样壮美的景色！真没有想到啊，远离喧嚣的大凉山古里大峡谷，"风景这边独好"。

其实我们所看到的，还不是古里大峡谷的全部。这里彝族神山、悬崖峭壁、原始森林、高山草甸、湿地、溪流、地下河、瀑布、溶洞、天坑、云海……应有尽有，是一个彝族文化保存完整、风景文化秀美的浓缩的地质公园。而我们看到的，仅仅是其中的冰山一角而已。

除了自然风光，还有人文景象。我这里说的"人文"指的不是寺庙佛塔或亭台楼阁，而是沿路所见的农舍和妇女孩子。路边的房舍大多简陋，为土墙木房，甚至还有茅草房。路边的山坡上或田地里，间或会有一两个妇女在干活，偶尔起身看看匆匆走过的我们。我不太明白，为什么很少看见男人干活？或许壮劳力都外出打工了吧。在这些劳动妇女的身边，往往有一两个孩子，大的七八岁，小的可能只有两三岁。他们穿得脏兮兮的，就坐在地上，自得其乐地玩着，有时候也呆萌地看着我们这些陌生人。我不知道这些孩子能不能读书，应该能的吧，只是不知能读到什么学段。他们中途会不会辍学呢？突然想到了昨天篝火晚会上唱歌的孩子们。但愿凉山的孩子们都能享受像他们一样的爱的教育。

心里一直装着大部队，便不停地往前赶。可怜的袁媛和刘璐被我拖得筋疲力尽，连邓冬华这小伙子也有些吃不消了。于是我继续给他们讲故事，就像大人哄孩子。烈日一直在头顶暴晒，我一不戴帽子，二不抹防晒霜，走得精神抖擞。袁媛和刘璐心疼我，非要我戴帽子不可。刘璐把她的帽子扣在我头上，这顶女式帽子陪着我走完最后几公里。

后来我才知道，大部队并不在我们前面，而是已经被我们远远地甩在了后面。于是，我们放缓了脚步。我感觉早就走了15公里，可一直没看到终点，我们当然只能继续走。走过一个岔路口的时候，我们想当然地沿正道前行，走了几百米感觉不对劲，马上打电话问组织者，果然走错了，于是往回走，沿着那条斜路继续走。终于，到了下午四点左右，我们一行四人到达终点古里镇龙沟村，原来我们整整走了20公里。一个多小时后，大部队也到了。

他们说："李老师，您走得太快了。您太卷了，您就是个卷王！"

于是，我获得了一个称号："卷王"。

当晚，我们入住支尔莫村大平台酒店。说是"酒店"，其实条件也不是太好，但相比昨晚，已是天堂。

六、"振兴乡村教育的目标是什么"

第二天早晨醒来，我才发现我们所住的支尔莫村大平台酒店坐落于半山腰，步行十多分钟，便是近年来渐渐有名的悬崖村。

我们来到离悬崖村最近的悬崖边，脚下是笔直的如刀砍斧削的断崖，从这里俯瞰山坳中一块巨大岩石，好不容易才辨认出上面好像散落着房屋，那就是悬崖村。

"悬崖村"有多"悬"？

村民们住在悬崖之上，上山和下山需要攀爬落差高达800米的悬崖，相当于200层楼房那么高。村民想要走向外面世界，即使是现在，也得攀爬那落差 800 米的悬崖，越过 13 级 218 步钢梯。而在过去，下山最安全的路，是一条用木头和藤条编成的木梯子。如果不小心一脚踩空，就会摔下万丈深渊，粉身碎骨。

还特别要指出的是，坐落在海拔 1400~1600 米山坳中的悬崖村，从山底小学到山顶村庄海拔高差近 1000 米。

我放飞了无人机，在"上帝的视角"里，群山叠翠，千沟万壑，我们一行人站在悬崖边不过就是几粒尘埃，而山坳中的悬崖村简直就像老天爷遗落在那里的贝壳，宛如绿色翡翠上的点点繁星。

风景虽然绝美，但只是对我们这些有闲情逸致的人而言，这里的人不可能靠风景吃饭。虽然作为扶贫的受益者，悬崖村的贫困户已经渐渐或正在走向富足，但教育却不是一夜之间能够"富足"的，何况在大凉山，何止一个"悬崖村"？

上午，我们乘车回到日哈乡的院子，由 21 世纪教育研究院院长熊丙奇主持，举行了一个"新民教育沙龙"，主题为"社会力量如何推动中西部乡村教育发展"。

出席这个沙龙的成员为这次公益徒步的所有参加者。发言者除了我前面写到的侯远高和刘鹏，还有奕阳教育集团董事长、21 世纪教育研究院理事长张守礼，北京大学中国教育财政科学研究所副研究员宋映泉，Aha 社会创新学院创始人、21 世纪教育研究院理事顾远，天下溪青蓝森林园园长郝冰，佰特教育阿福童悦读发起人邢宏伟（阿信），21 世纪教育研究院副理事长、火柴公益理事姜跃平等人。

各位专家学者就中西部乡村教育的发展开展了充分交流，讨论了乡村教育发展的各种可能及如何提供支持。观点旗帜鲜明，又不乏思想碰撞。受大家的启发，我也发表了自己肤浅的见解。

在谈到如何理解"振兴西部教育"的"振兴"时，有学者不太主张这个提法，觉得有"运动化"的嫌疑。我说："怎么让乡村教育更好地发展呢？过去我们强调比较多的是外部的、居高临下的对西部教育的支持，而忽略西部乡村教育本身的生命力和生态环境。如果能提供支持和帮助，营造一种土壤，让乡村教育能够自然和谐地、不受干扰地发展，从这个意义上讲'振兴'，这个词也不是不可以用。如果我们想让乡村教育能够正常发展、健康运行，就应尊重当地的文化特点。仅仅是从外部搞运动式的'振兴'，仅仅提一些口号是不管用的。"

谈到什么叫"振兴"，我说："所谓'振兴'，并非动用社会力量和国家力量去偏远乡村办一所名校。比如，我们设想一下，如果要振兴悬崖村的教育，办一个所谓'人大附中悬崖村分校'行不行？完全可以做到。如果需要，我来当校长也可以，然后通过生源优化和各种招生办法，在几年内培养出几个名校大学生，也不是不可能。如果真的实现了这一切，那悬崖村教育就'振兴'了吗？并不是。因为这几个考上名校的学生'走出去'了，却和'振兴'当地的经济没有任何关系。"

我继续说："振兴乡村教育的目标是什么？就是要让本地的老百姓和他们的子孙后代热爱这片土地，并建设好自己的家乡。马边彝族自治县是我联系的一个地方，他们分管教育的副县长、宣传部长，以及教育局官员全是当地的，他们说他们对这里最有感情，所以想尽办法建设家乡。这让我非常感动！如果我们的民族地区，包括西部地区的教育，能够培养出这样的家乡人，还有像侯教授一样，走出大山，最后又回来建设家乡，这就是我们振兴乡村教育的目标。"

有学者说："乡村孩子考上大学走出偏僻的乡村，走向外面的世界，这不应该被反对，人家有追求幸福生活的权利。"

我说："我绝不是反对乡村孩子考名校，这些权利当然是不可剥夺的，我是反对某些地方政府、教育部门眼光只盯住少数精英。我曾经到一个县调研，当地人说他们的教育很落后，但最近有希望了，新的书记下军令状，在任期内一定要'实现清华北大零的突破'。具体怎么做呢？政府出资300万，把前50名的孩子交给全省最好的高中，专门办个班，一定要在三年后出现考上清华、北大的孩子，这叫'教育振兴'吗？"

我强调："我们反对乡村教育精英化，并不是鼓励阶层固化，而是让不同的孩子有适合于自己的发展道路、人生道路，关键是他们的发展要和当地社会经济发展相联系，能够考大学的上大学，能够读职业学校的就读职业学校，让每个孩子有美好的人生，让当地有美好的未来。"

最后，21世纪教育研究院理事长张守礼总结道："乡村教育这条路很长，我们行走的路也很长，我们研究院会再开发、优化不同的路线，挑不同的季节召集大家进行这样的公益行走。期待下次再聚首！"

最后一句话是我最想听的，也是我最盼望的。

教育，当然需要理论的太阳，但更需要太阳照耀下的行动。

我们应该贴着地面行走，我愿意以自己的方式力所能及地为乡村教育做点什么。

我盼望着明年的暑期。

2022年8月14—16日

"对老师，'感情留人' 必须通过 '待遇留人'来体现！"

　　有意思，金口河区有一条贯穿全境的河，却不叫"金口河"，而叫"大渡河"。因为上游修了水电站，大渡河在这里平缓而温柔，并没有传说中的滔滔巨浪。

　　但两岸耸入云霄的峰峦叠嶂却异常险峻，金口河大峡谷闻名世界。

　　而在我们看来雄伟壮丽的金口河大山，正是当年修成昆铁路时最艰难的一段，许多铁道兵战士把自己的青春永远地铸进苍翠的崇山峻岭。现在的"铁道兵博物馆"记载了那一段气壮山河的历史。把时间再往前推，抗战期间，为了打通四川通往缅甸的战略物资道路，国民政府修建了乐（山）西（昌）公路。因为地形险恶，有几千筑路民工长眠于此。金口河至今还保留着一段原汁原味的乐西公路，而且这条光荣的公路今天还在发挥着作用。20世纪60年代，因为"三线建设"，各路英雄儿女从四面八方聚集于此，为祖国的国防建设贡献青春与智慧。

　　但我这次来到金口河，感动我的不仅仅是"成昆铁路""乐西公路"和"三线建设"所代表的气壮山河的民族精神，还有坐落于大渡河畔和高山之间的乡村小学的老师们所呈现出的教育情怀。

　　作为乐山市最偏僻和艰苦的地区之一，金口河原来是乐山市峨边彝族自治县的一个乡。1978年国家出于战略建设的考虑，将其从峨边划分出来单独成立了金口河工农区（县级行政区），后来又改为金口河区，受辖于乐山市。

我这次到金口河，在教育局胡安江局长的陪同下，先后参观了和平彝族乡小学、永和镇第二小学、永和镇第一小学、共安乡彝族新河小学和永胜乡小学。每所学校都有自己的长项，永和镇第一小学的少年足球，还有永和镇第二小学的书香校园……而给我留下最深刻印象的，是这些学校老师们的纯朴善良，以及他们对教育、对孩子发自内心的爱。

在和平彝族乡小学，年轻的艾丽校长告诉我，学校 90% 的学生是彝族孩子，而且都住校。我很惊讶："这么小的孩子，为什么要住校呢？"她说："因为孩子们大多住在山上，离学校很远。"这意味着学校老师不但要教学，还要关照孩子们的生活起居，真的是既当老师，又当母亲。她带着我参观了孩子们的宿舍，每一间宿舍都干净整洁，每一床被子都叠成"豆腐块"，床下的每一双鞋都摆放得整整齐齐。这些细节中蕴含着养成教育的力量。

让我开心的是，艾丽校长说她是我多年的"粉丝"。她随口说出了我许多著作，而且长期关注我的"镇西茶馆"。我考她："我昨晚推出的文章是什么？"她说："《我的初心一尘不染》。"我真的很感动。我说："其实，你才值得我学习！"

这绝不是一句客气话。后来，我在给金口河老师作讲座时，也是这样说的："今天我只能说是讲故事，而不是什么报告。要我给你们作报告，我没这个资格，因为你们每一个人都值得我学习！如果当年我大学毕业，要我到这里来工作，我肯定不会来的，可是你们却长期扎根在这里，把青春乃至生命都铸进了崇山峻岭。这是我做不到的。"

在共安乡彝族新河小学，我认识了朴实的陈明刚校长。这位看上去有点腼腆的小伙子，和我交谈时似乎不善言辞，甚至有些木讷。但胡局长告诉我："陈明刚对教育有无限情怀，爱生如子，学校虽小，仍致力于校园文化提炼、公园式校园打造，崇尚阅读。他以前在永胜小学当校长，永胜小学曾被评为乐山市最美乡村学校，他也被评为乐山市最美乡村教师。领导看中了他，曾把他借调到政府办工作，但一个月后，陈明刚主动要求返回学校，原因就是喜欢教育，喜欢这片天地。"

同行的邓碧清曾经是乐山媒体的记者，很惊喜地说："原来他就是我失去联系很久的最美乡村教师啊！"我问是怎么回事，他对我说："十多年前，陈明刚入选乐山市十大最美乡村教师，我作为乐山广播电视台编委，奉命带了一个采访组去采访他。那时候他在永胜中心小学当老师。面对镜头，他有点羞涩，有点木讷，但一进入课堂，和他的孩子们在一起，立马换了一个人，眉飞色舞，妙语连珠，幽默风趣。他的孩子们特别黏他。当时我想，这家伙是不是李镇西附体了？或者说，他就是另一个版本的李镇西！"

陈明刚工作过的永胜中心小学坐落于海拔 1800 米的山上，也是胡局长工作的第一所学校。现在学校只有 46 个孩子，校长是赵平兰。校园虽然不大，却书香浓郁。学校的阅览室被设计成列车车厢的模样，窗外还挂着"永胜—远方"的标志牌。赵校长告诉我："我们想以此告诉孩子，我们要乘坐着知识的火车，从永胜驶向远方。"

胡局长说："赵校长本来在山下一个镇上的学校工作，是作为优秀教师到这里来交流的，本来交流时间是三年，但赵校长来到这山上一干就是十年！"

胡安江局长是我见过的最具教育情怀、最体恤一线老师的局长之一。按说，教育局长怎么会没有教育情怀？怎么会不体恤一线老师？但我的确见过不少教育局长完全就是把局长当官当，唯上是从，一说起教师就骂"素质低"。胡安江局长不是。他说："我 1989 年从峨眉师范毕业，教了两年书后调到政府办工作了两年，以后任区团委书记五年、工会主席七年、乡党委书记两年，然后当了林业局长五年、交通局长两年，现在干教育局长已经八年……开始和结尾都从事教育，而且，让我最有感情、最喜欢的行业也是教育。"他讲起老师们的故事如数家珍。"但因为这里条件差、待遇低啊，所以有的老师调走，我也理解。每年都要走十几个。我向书记提供了一份调研报告，希望能够真正做到'待遇留人'。什么'感情留人'，那是空的。对老师，'感情留人'必须通过'待遇留人'来体现！"

要说金口河老师们的"教育情怀"，无须用更多的"感人事迹"来证明，陈明刚、赵平兰等老师就是金口河广大一线老师的代表。但作为政府，如何让老师们的情怀有着与之相称的物质待遇呢？是的，胡局长说得好："'感情留人'必须通过'待遇留人'来体现！"

离开金口河前，胡局长陪着我来到了海拔3000多米的大瓦山，在大瓦山的森林里，我看到了一种从没见过的花，它的叶片像萝卜叶，中间长出一根直直的花茎，上面环绕5~7层花，次第盛开，色泽艳丽。

这是大瓦山上特有的一种花，当地人称之为"转转花"，学名为"粉被灯台报春花"，属于报春花的一种。与牡丹、玫瑰等花卉相比，转转花并不为更多的人所知，因为它往往生长于高寒地区的山坡草地和林中。虽然"养在深闺人未识"，它却一直独自默默地展示着自己的美丽。

当我把相机镜头对着一棵棵寂寞而鲜艳的转转花时，我想到了金口河的老师们。

2021年5月22日

重拾教育梦

——再访春晖中学

一

那天早晨，我特意赶在太阳出来之前来到白马湖。到了湖边才发现，还有比我到得更早的，那就是大自然的画家。它已经把一幅新作完整而完美地铺展在明亮的天空中——

一片一片饱满的云彩，如待阅的仪仗队似的整齐地排列着，又像少先队员在表演大型团体操。在每片云之间的缝隙处，透出清澈的蓝天。太阳并没有露面，藏在云的后面，将温柔的光注入云朵，于是每一片云都饱含着光，有的云片呈现出半透明。

尽量往湖对岸看，隐约可见的是层次分明的山的轮廓，山下是一排排洁白的墙，是一幢幢整齐的楼房，那就是春晖中学，它的校园就在湖畔。继续从上而下看，是远山和房屋颤巍巍的倒影，春晖中学便在湖水上荡漾着。整个湖面，漂浮着一片片鱼鳞般的云朵，晃悠着，摇曳着，也摇着待发的小船。小船边的台阶上，有一位农妇正在洗菜，一圈一圈的涟漪，优雅地扩展开去。她身后岸上，是一棵棵不高却枝繁叶茂的果树，还有正繁星点点的桂花树。整个空气中，氤氲着醉人的芬芳。

这就是白马湖的早晨。

白马湖位于绍兴市上虞，整个湖呈狭长状，因形如马而得名。当然，中国还有不少湖也叫"白马湖",但我只知道这个白马湖,因为这里有春晖中学。而且我相信,许多人和我一样,知道白马湖也是因为这湖边的春晖中学。

二

那天在"镇西茶馆"公号上,有一个叫李浩的网友给我留言,说受李培明校长之托,邀请我去春晖中学给老师们作演讲。当我确认了李浩是春晖中学的副校长,而他说的"春晖中学"就是我心中的教育圣地春晖中学之后,我立马就答应了。

这是我第二次受邀到春晖中学。2002 年 9 月 20 日,我曾应当时潘校长的邀请去给老师们作报告,回去后还写了两篇随笔:《白马湖寻梦》《我的春晖梦》。

近 20 年后,也是金秋时节,我再次来到春晖中学。虽然当年邀请我的潘校长和听过我报告的大多数老师已经退休,但湖边那虬枝掩映的白色围墙还在,老校门前那造型微拱的小桥还在,刻在石头上的校训"与时俱进"还在,保存完好的苏春门、春晖园、曲院还在……关键是,湖边那一排老房子还在——第一次来我就说过,那是春晖中学的灵魂。

那几间朴素的平房可不是一般的旧建筑,而是20世纪20年代朱自清、夏丏尊、丰子恺、李叔同住过的房子。上一次来,我就被震撼了。震撼我的不是房子本身,而是房子里面大师们留下的气息。

当年那么多的大师云集于这湖畔的乡村学校!现在想起来,那简直就是一个神话。我在《我的春晖梦》里已经不完全地罗列了大师们的名字,现在请允许我复制一下那个名单——朱自清、丰子恺、朱光潜、王叔任(巴人)、匡互生、杨贤江等。另外,先后前来讲学或考察的蔡元培、何香凝、黄炎培、沈仲九、沈泽民、俞平伯、陈望道、李叔同、张闻天、柳亚子、刘大白、叶圣陶、张大千、黄宾虹等,都在春晖中学留下足迹。他们来自五湖四海、不同背景,春晖中学真正是"海纳百川"!

三

1922 年 3 月，春晖校舍即将竣工的时候，校长经亨颐就向同乡、当年浙江第一师范学校的同事、老朋友夏丏尊发出邀请，这是经亨颐聘请的第一位教员。夏丏尊来春晖不仅仅是担任国文教员，还要协助经亨颐招聘教师以及共同筹备开学。

那年 7 月，经亨颐和夏丏尊本着"能劳动、能研究"这两条招聘标准，在全国招聘了一大批教师。看见没有？招聘教师里面没有学历达标要求，没有学科教龄要求，没有职称荣誉要求，没有科研成果要求，没有高考成绩要求……就这么简单。

请问，今天哪所学校会这样，或者说敢这样招老师？公办学校"逢进必考"就不说了，就算是私立学校，能如此不拘一格揽人才吗？

校长是一所学校的灵魂，而这"灵魂"里有没有招聘老师的自由，决定着一所学校有没有真正属于自己的生命。所以，校长的自由是办好一所学校的关键。

当然，这个"自由"不仅仅是体现于教师的自主招聘，更体现于包括办学思想以及教学方式、课程设置等方面的自主确定。总之，一切由校长说了算。

因为经亨颐当时名望和影响太大，社会兼职太多，事务繁忙，他将学校管理和教育实施都交给了夏丏尊，所以夏丏尊事实上成了春晖中学的"常务副校长"。经亨颐办春晖中学的宗旨就是"改从来之积弊"，用今天的话来说，就是通过教育改革，革除种种教育弊端。这一设想的具体操作落在了夏丏尊的肩上。

夏丏尊的教育改革首先从办学方向这一根本问题入手。在《春晖的使命》这一改革宣言书中，他设定的办学方向是大众教育、民众教育。这与那个时代晏阳初、陶行知们正在推行的平民教育、乡村教育完全吻合。要知道，那个年代，按传统观念，读书只是少数人的事，和平民大众没关系。可地处乡村的春晖中学却面向所有人，用夏丏尊的话来说："至少，先使闻得你钟声的地方，没有一个不识字的人。"

那么多的大师泰斗来教平民子弟，也许在今天那些追求"精英教育"的"贵族学校"看来，简直就是"浪费资源"。然而，春晖中学为了"办人民满意的教育"，就是如此"奢侈"。这样的办学理念，和今天所倡导的素质教育、所推行的均衡教育，在精神上不正是相通的吗？

四

学校的办学自由，还包括在教学内容、教材选用、教学手段、考试方式等方面给教师很大的自由。这在今天几乎是不可想象的，但春晖中学当年却做到了。

夏丏尊是教国文的，就对国文教材的选编、考试内容、作文教学、课外阅读等作了全面革新。从教材看，夏丏尊和他的同事们将当时春晖的国文分为必修科和选修科。必修科的教材有两种：一是商务版的《国文课本》；一是教师自编的《选授讲义》，包括范文选读、语法、作文法，这些范文多采自《新青年》《新潮》《向导》等进步刊物。另外，他特别提倡学生多读书，还给学生开了书单……

此外，在要不要对初中生进行文言文教学，以及如何确定考试内容等方面，春晖中学都按自己的想法进行了改革。

说起来今天的老师可能不敢相信，春晖中学的各科教材一般都是由任课教师自己选定的。比如承担英语教学的丰子恺，他选择的教材就是华盛顿·欧文的《见闻札记》（*The Sketch Book*），同时用《天方夜谭》作为辅助教材，和丰子恺同教英语的王伯勋所选择的辅助教材则是若干通俗流畅的文学作品和浅显易学的杂志。也就是说，教同一个年级的教师可以使用不同的教材，而且这教材可以自己选、自己编。

又如体育。体育教师赵益谦在考察分析了学生的情况后，根据实行学年制的实际需要，编制了一套体育教材。他甚至还专门针对女生的特点编制了"女生教材"，内容包括"走步""舞蹈""游戏""队球""女子篮球""表情操"。另外，在考核方面，为了鼓励学生积极锻炼，赵益谦根据"年级"和"体质"两个指标，制定了各项运动的及格标准，但是在评定体育成绩的时候，并非以上述数据作为唯一标准，而是要考虑"出席次数的多寡""体格的强弱""姿势的优劣""体育的理论""卫生的状况"等，对这些因素作综合考察，"各有精密的考查，才能表现各人真正的体育成绩"。

春晖中学还实行学分制，这是当时的教务主任刘薰宇的创举。他主持制定了《春晖中学校学则》的"学科及学分"部分，规定每半年每周上课1小时为1学分（图画、手工等无须课外自修或自修时间较省者，酌量折算）；初中三年，必修科164学分，选修科16学分，共180学分。必修学科分为六大类——社会科、言文科、算学科、自然科、艺术科和体育科。社会科22学分，其中公民6学分、历史8学分、地理8学分；言文科68学分，其中国文32学分、英文36学分；算学科30学分；自然科16学分；艺术科12学分，其中图画、音乐、手工各4学分；体育科16学分，其中生理4学分、体操运动12学分。

刘薰宇考虑到学生的个性需求，在征求教员意见的基础上，根据《对于本校改进的一个提议》中"关于各自有趣味的课程的研究"的要求，列出12门供学生选修的科目，除了为提高国文、英文、算学等科目而开设的选修外，还有图画、音乐、日文、世界语、家事、科学概论、法学通论、伦理学、心理学等选修科。随后，他将每学期必修及选修的科目、课时、学分列成表格，公示在墙上，教员、学生一目了然。

选择选修科目的办法是由学生与指导老师商酌，得了老师许可，再填写志愿书，由指导老师签字，就算初定了。然后，教务处统计各科选修人数，酌量去留。所选科目人数不足被撤销的，就不得不重选，所以一般来说，选修课必须到第二次才能决定。选修科与必修科不同，以一学期为一单元，除了学分较多，非连续修完不可的日文、世界语以外，都是一学期考选一次。

规定的选修科条款只是一个总的原则，在执行过程中具有一定的灵活性，如"第三学年为不升学者，特设农业、商业或师范等职业科"，"学生能速进者"可于第三年"加习某职业科之一部分"等。总之，一切从学生的实际出发，从有利于学生的发展出发，从学生未来的人生出发。

五

我这里，不厌其烦地介绍春晖中学教材使用的灵活性和学分制的个性化，就是想说，这才是真正的"以人为本"。可为什么我们现在不能这样呢？当然，选修课现在也比较普遍，包括校本课程的开发，许多学校做得很好，春晖中学在这方面也很突出；但自主选择教材和实行学分制在目前绝大多数学校是不可能的。可能有人会说这和考核有关。现在我们都是统一的中考、高考，如果任凭各学校各教师自编自选教材，自由地搞学分制，又怎么保证高考选拔的公正性？

然而，难道当年春晖中学的学生就不考大学吗？就没有高考竞争吗？

最近重读陶行知全集，读到一段资料。根据陶行知 1928 年的统计："全国大学及专门学校学生为一万九千四百五十三人。"（《陶行知教育文集》，四川教育出版社 2007 年版）19453 名大学生，约占四亿人口的 0.0049%。我查了教育部网站，2020 年，我国在校普通本专科（不含研究生、成人本专科生、网络本专科生）大学生共 3285.29 万，占总人口 14.1178 亿的比例约是 2.3%。当然，那时候参加高考的人数比现在少，这也是事实。但无论如何，高考竞争一样存在，毕竟民国时期并未普及大学教育。

当年能这样给学校以自由，而且照样出人才，现在为什么不能？这个问题显然不是我能够回答的，但我愿意在这里提出，请大家一起来思考。

六

特别让人感慨的是，在这样尊重教师的环境中教学，可以想象，教师是何等轻松和快乐！除了教学，没有其他来自"痕迹管理"的要求，时间都是自己的。正是在这样的自由中，许多教师在教学以外迸发了极大的创造力，留下了许多传世的杰作。比如，朱自清的许多散文就是在春晖中学写的，夏丏尊翻译的世界名著《爱的教育》就是在春晖中学完成的，丰子恺的第一幅漫画就是在春晖中学诞生的。

现在大家非常熟悉的丰子恺漫画，有着其他漫画所没有的味儿。这种漫画就是丰子恺在春晖中学教授音乐、美术和英语时开始画的。说来有趣，丰子恺生性比较活泼自由，每次参加学校校务会议时都不大发表意见，他觉得只要做好自己的事就可以了。所以，每当主持人汇报、集体讨论的时候，丰子恺便要"开小差"，他留心观察与会人的姿势、神情：有侃侃而谈的，有神情专注的，也有垂头拱手、倦怠慵懒的。他把各人的特点记在心里，回到小杨柳屋，就随手拿起一条长纸，用毛笔在上面接连画出参加校务会议诸人的模样。就这样，中国现代美术史上独具风格、魅力和影响的丰子恺漫画诞生了。丰子恺发表的第一幅漫画作品《人散后，一钩新月天如水》，就是在春晖中学完成的。

今天还能重现这种传奇吗？不太可能。不说其他的，就冲着不认真开会、开小差这一点，丰子恺不被扣绩效就算是幸运的了。

春晖中学的学生同样享受着应有的自由。经亨颐追求"纯正教育"，既要帮助学生成长，又要充分尊重学生，特别注重学生的全面发展。学校对学生的人格要求和行为规范有着具体的标准。学校制定学则，确定了宗旨、编制、学程、入学、转学、升级、毕业、休学、退学、奖惩、制服、制帽、徽章，纳费，以及学期休业等条款。各项要求不可谓不严，但学校同时又充分尊重学生，实行"学生自己选择指导者制"，即由学生自己选择一位老师在人格上做自己的导师。

夏丏尊性格比较急躁，有时候难免在批评学生时略显粗暴，但他却深得学生的爱戴和敬重。夏丏尊对学生们说："我们要互相亲爱，请你们把我当作你们的义父吧！……我的人格实不足教你们，我自己觉得很不好，血气很盛，总要怒形于色，但我对你们并无恶意，这也正是爱你们呀！"

七

在教师指导下，春晖中学还成立了由学生全员参与的，旨在自主管理、自我教育的学生自治会。这个学生自治会的工作是全方位的，不但日常管理有声有色，卓有成效，而且对一些突发事件的处理也很公允得体。

1924 年 4 月，春晖中学发生了十个学生参与赌博的事，无论是从道德自律还是校纪要求来看，都是不可容忍的重大违规。当时学校教师既为此事感到痛心，觉得不可原谅，连负责学生宿舍的教员匡互生都提出引咎辞职；但同时又怕处理重了，伤害学生的心灵，影响他们今后的进步。想来想去，学校决定交给学生自治会处理，处理方式上报学校校务会议容纳（即认可批准）。

学生自治会在调查清楚事实真相之后，严肃地开了一个公开审判会，当时旁听的人几乎塞满了会场。审判会主席对当事人一一进行询问，确认事实，然后所有当事人和旁听者退场，由学生自治会商议判决。

最后的判决结果，据 1924 年在春晖中学任教并担任教务主任的刘薰宇先生当时发表在校刊《春晖》上的一篇文章《解决一件偶发事项的经过》记载——

结果由十个当事人的情节将处罚分成两种：

（1）罚每日写一寸见方大字九十六个，逐日交学校舍务处；又每日倾倒曲院的垃圾和痰盂；都是从四月二十七日起到六月二十五日止；

在此期间并停止走出春晖桥的权利。

（2）罚每礼拜三清洁教室一次，从四月二十八日起到五月二十一日止。

受第一种罚的两个人，受第二种罚的八个人，他们除了受这种罚外，所有各人赢得的钱（计十三元余），因为是不正当的收入所以充公。

这样的判决于午后四时交到校务会议，在会议中也容纳了！

充分自治，严格规约——这就是当年春晖学子的自由与自律。

八

当然，对春晖中学的老师来说，他们对学生的教育底色，毫无疑问还是一个"爱"字。以教育为目的，运用人格感化推行情感教育，是当时春晖中学大部分教师的教育思想。20 世纪 20 年代的春晖，即使学生犯了很大的错误，以夏丏尊、朱自清为代表的一大批教师都信仰着"爱的教育"或"情感教育"理念，相信它比任何严厉的处罚都更有效。

夏丏尊翻译《爱的教育》时，特意把该书的意大利原名"心"意译为"爱的教育"，就体现了他的教育追求。他在《译者序言》中说："学校教育到了现在，真空虚极了。单从外形的制度上、方法上，走马灯似的更变迎合，而于教育的生命的某物，从未闻有人培养顾及。好像掘地，有人说四方形好，有人又说圆形好，朝三暮四地改个不休，而于池的所以为池的要素的水，反无人注意。教育上的水是什么？就是情，就是爱。教育没有了情爱，就成了无水的池，任你四方形也罢，圆形也罢，总逃不了一个空虚。"

朱自清教育思想的核心是"有信仰"，或可称为"有信仰的教育"。他说："教育者须对于教育有信仰心。要从事于此，教育者先须有健全的人格，而且对于教育，须有坚贞的信仰，如宗教信徒一般。他的人生的理想，不用说，也应该超乎功利以上。所谓超乎功利以上，就是说，不但要做一个能干的，有用的人，并且要做一个正直的，坦白的，敢作敢为的人！——教育者有了这样的信仰，有了这样的人格，自然便能够潜移默化，'如时雨化之'了；这其间也并无奥妙，只在日常言动间注意。"他还说："法是力量小的人用的；他们不能以全身奉献于教育，所以不能爱于是乎只能寻着权威，暂资凭借。"朱自清称当时春晖"邀集了一班气味相投的朋友执教"，看来"相投"的基础就是这共同的教育思想。因而，朱自清和他的同事们力主一概不用权威。

夏丏尊、朱自清们当年在春晖的爱，如春晖一样照耀着孩子。朱自清曾称赞春晖中学师生之间融洽无间的关系："这里的教师与学生，也没有什么界限。"这样的学校氛围，这样的师生关系，在今天看来，简直就是一个童话。

九

爱与自由，是春晖中学教育思想的精髓。

正是因为爱与自由，春晖中学创造了中国现代文化史上的多个"第一"——丰子恺第一幅公开发表的现代漫画（即前面所说的丰子恺所作《人散后，一钩新月天如水》）是在春晖创作，世界名著《爱的教育》是夏丏尊在春晖首译，曹禺的经典话剧《雷雨》是在春晖首演，朱光潜的美学处女作《无言之美》是在春晖完成……

正是因为爱与自由，在春晖中学成长起来的孩子们，日后回忆起母校无不充满幸福。新中国首任国家出版署署长胡愈之，一生集记者、编辑、作家、翻译家、出版家于一身，学识渊博，是公认的新闻出版界少有的"全才"。他回忆在春晖读书时，首先想到的是给他以爱和自由的老师："薛老师教我读书，从没有半点老师的架子。每次薛老师在面前，我觉得他是一个大孩子，我是一个小孩子……老师教我读书，是让我自己选择的。他只是指导我应读什么书、读哪一篇哪一节，但要我自己准备，或者向老师讲解，或者写笔记，只有讲解和笔记有错误时，他才加以改正……在当时，白话文运动还没有开始。我的老师虽不主张用白话写文，但他反对用古典堆砌成文。他时常要我学习把古代文译成平易通俗的今代文。"

导演了《红色娘子军》《芙蓉镇》《高山下的花环》《天云山传奇》《牧马人》等新中国史诗般经典之作的电影艺术家谢晋，也是春晖的学子。他成了大导演后这样回忆春晖："1937年冬天，我从故乡谢塘坐脚划船到春晖中学念初中，一进校门，传来一阵优美的琴声……'长亭外，古道边，芳草碧连天……'我是唱着李叔同这首歌离开春晖中学的。我在春晖受到的艺术熏陶，回想起来，历历在目，这与我以后走上艺术之路是分不开的。"

十

纵观百年历史长河，春晖中学后来的发展当然并非一帆风顺，甚至屡次受挫，但它一直弦歌不辍，昂扬向前。春晖中学有两次被迫搬迁，第一次是抗战时为了躲避日军炮火，不得不告别白马湖，如西南联大一般于颠沛流离中继续办学；第二次迁校是因为"文化大革命"，1968年迁址小越，改名"继抗中学"。因为"春晖"二字是纪念出资创办人陈春澜的，而陈春澜当时被打成"反动资本家"，于是更名为"继抗"，意思是"继承延安抗大传统"……直到1978年，春晖中学才恢复校名，重返白马湖畔。

进入改革开放时代，春晖中学一直秉承当年经亨颐校长拟定的校训"与时俱进"，顺应国家大力推进素质教育的时代潮流，在课程改革、德育创新、文化建设等方面进行了卓有成效的探索，在高考成绩方面也很突出，为高校输送了许多优质生源，令人瞩目。

春晖毕竟是春晖，春晖的老师不回避高考，但他们的追求远不只是高考，而是春晖人格教育精神的传递——老校长经亨颐认为，学校不是"贩卖知识之商店"，"求学为何？学为人而已"，所以当以陶冶人格为主，强调德智体美全面发展。所以今天的春晖中学，依然把培养"人"放在首位。正如李培明校长告诉我的："人本立场，人文精神，人性光芒，就是春晖中学的特色。"

比如，十多年前春晖中学在不到百亩的老校园基础上扩建，现在拥有500亩的校园，但这么多年来，他们的学生却只有不到两千人。凭着春晖中学的名气，再招更多的学生也是没问题的，但李培明校长告诉我："我不扩招，就这么多学生，小班化教学才能真正关注每一个学生。"

是的，春晖中学尽可能关注每一个学生的人格教育。学生人数少，为春晖中学的选课走班创造了条件。在新高考制度下，春晖中学为了满足学生的个性需求，尊重不同学生的兴趣爱好，按照不同类别进行合理编班。选课班级人数十多人或二十多人的都正常开课，以此让老师能将目光更多聚焦到学生个体上，发展他们的特长。

从夏丏尊、朱自清等名师起，春晖中学形成的和谐师生关系，一直保持到现在。这也是李培明校长感受最深的一点。他对我说："春晖的老师们一直秉承夏丏尊提倡的爱的教育，学生在老师爱的教育下丰满了自身。每年的9月，春晖中学校园里总会迎来毕业生返校的身影，他们一定要在离别这所令他们自豪的学校之前再回来看看，和自己的老师道一声再见。以后他们无论走多远，母校一直是他们的牵挂。"

担任春晖中学校长已近20年的李培明也曾经是春晖中学的学生。他至今还清晰地记得自己高一时的班主任陈宗秀老师："当时陈宗秀老师每次课后只布置两道数学题，但这两道题，却是他经过反复琢磨推敲后精心设计的。在我的印象中，陈老师很和蔼，即使学生惹他生气，他依然平心静气，给人一种和风细雨的感觉。"

如今作为春晖中学的"掌门人"，李培明校长每在校园里行走，学生们都会热情地和他打招呼。春晖中学良好的师生关系就这样自然而然地得以传承。

这次代表学校邀请我来讲学的李浩副校长，在2000年至2003年间也是春晖中学的学生。我问他对母校最深的印象是什么，他说："是自由宽松的学习环境，还有浓郁的人文气息，特别是自由阅读的氛围。我在读书的时候，阅览室和图书馆是最常去的地方。记得那会儿去这两个地方还要提前抢座，去迟了便没了位置。午饭后，同学们大都会聚集在那里，翻看各种杂志报纸以了解天下大事，也有很多人手捧书本，加深对这个世界的认识，形成对自己人生最初的思考。如今为了鼓励更多学生读书，学校改造了图书馆，每幢建筑里都有开放式书吧，为学生提供更自由开放的学习空间。通过这样一种'投喂'的方式，学生享受着课后的精神大餐，拓展视野，走向更广阔的人生。"

无论是李培明校长说的"师生关系"，还是李浩副校长说的"自由阅读"，在这些地方，我依稀看到了当年的"春晖"。

今天的春晖人对传统的继承和发扬，还体现在对体育和美育的重视上。

李浩对我说："春晖历来重视体育，除了各种传统体育活动，学校还因地制宜，开设攀岩、赛艇等课程。即使到了高三，美术课、音乐课和体育课也不会取消，因为李培明校长希望春晖学生能'学得活泼，活得自由'，不要成为单纯的刷题机器。"

我说："你是教英语的，可看你这体格，我还以为你是教体育的呢！"

他笑了，说："我感谢春晖中学让我养成了注重体育锻炼的习惯。如今的我步入中年，依然常去运动场活动活动，那与我在春晖读书时养成的习惯是分不开的。"他还补充说："春晖校园很大，学生也不多，适合于'放养'，体质好得很呢！所以这么多年来，我们学校学生的体质测试基本排在全浙江省的前十名。"

十一

李培明校长陪着我转校园。我有一个发现："李校长，和我转其他学校不同，我明显地感觉到，春晖中学几乎没有标语口号。我没有看到你们学校墙上贴任何表现什么教育理念和其他应景的四言八句之类，什么'培养走向世界的现代中国人''一切为了孩子'或'迈上新台阶，再创新业绩''特色立校、科研兴校、质量强校'等。"

李校长说："是的，没有。我觉得不需要。"

我一下子就感觉李校长更加亲切了："知音啊！我当校长时，武侯实验中学的校园也没有标语，整个校园清清爽爽。"

墙上没有教育理念的口号，并不等于学校就没有教育追求。李校长和春晖中学的老师是把他们的教育追求化作了每一天的行动。

今天的春晖中学是从经亨颐、夏丏尊、朱自清那一代接过来并发扬光大的，更有延续了百年的人格教育。但"人格教育"在春晖中学不是写在墙上的文字，而是整个校园文化的熏陶（包括教师本人的行为感染）和课程教学的渗透。

春晖中学所特有的育人氛围和悠久的文化传统是中国任何中学都难以复制的，这厚重的人文底蕴是大师留下的，是历史给予的，是实践积淀的。新一代春晖人将学校的这一份文化财富融入课程，通过课程传递给今天的学生。

《中国教育报》记者苏婷曾在《春晖中学：续写白马湖的弦歌》中这样表述春晖中学的文化传承——

从 2005 年开始，春晖中学以课程建设为统领，开发了春晖家园系列课程：校园独特的自然环境，成为学生学习的"植物园"，形成《春晖家园·植物篇》；深厚的人文积淀、长久的办学历史、璀璨的文化思想，《百年春晖》成为学生的必读；从丰子恺谱曲的"如诗如画"的"谁言寸草心，报得三春晖"，到李叔同的"长亭外，古道边……"，《音乐与人生》《人生导航》从这里开篇，《春晖先贤研究》在这里沉淀。三十余门校本课程，与高考、跟职称都无关，完全依靠老师们的坚持。

这些课程中从来没有出现过"道德"这个词，学生却在不知不觉中受到了人格教育、爱的感化、美的熏陶。选修课程的开设，将德育工作常态化，影响力比一般活动更为持久。

学校每月推出一期人手一册的《春晖读本》，该书选录与春晖相关的作品，以及当代学者研究春晖的文章。这也是文化传承的载体。如果从高考"提分"的角度看，这些似乎毫无"意义"，而且还要投入大量的人力和财力，李培明校长认为："教育不能单纯从功利的角度去考量。"在我看来，这就是教育。

除了《春晖读本》，春晖中学的文化精神传递还体现在"春晖讲堂"上。20世纪20年代的春晖中学留下了蔡元培、叶圣陶、柳亚子、李叔同等名师硕彦的演讲风采。2015年，春晖中学延续这个传统，开办了"春晖讲堂"，聘请国内名家大师来讲学，再现"文人雅聚、名人荟萃"的盛景。

当然，应邀讲学者也不完全是名人大师，也有普通的教师学者，比如我。我这次就是作为"春晖讲堂"开办以来邀请的第72位演讲者来到春晖中学的。

我的荣幸之感和兴奋之情是抑制不住的。所以，面对听讲的老师们，我故作一本正经地开玩笑说："继蔡元培、黄炎培、俞平伯、陈望道等大师来春晖讲学后，我来到这里讲学。"大家都笑了。

然后，我半开玩笑半认真地对大家说："朱自清在这里教过书，你们也在这里教书，那么如果我说，在座各位是朱自清的同事，不算夸张吧？"下面又是一阵笑声。

我演讲的主题是"好的教育与好的教师"。我从20世纪20年代的春晖中学讲起，讲那一代老师的爱，讲他们所坚守的"人"的立场，然后谈到我倡导的"人是教育的最高价值"，讲好的教育应该是有"儿童视角"的教育，是尊重孩子独特精神世界的教育，是随时把孩子放在心上的教育。

说到好的教师，我以朱自清、丰子恺、夏丏尊、朱光潜等春晖中学早期的教师为例，从理想与责任、视野与思考、学识与技能、风骨与良知等方面谈到了教师的人格素养，特别强调了教师的人文视野。我说："无论教什么学科，教师都应该是胸襟开阔、学识渊博的人，他在台上一讲，对学生来说，就拥有一种源于仁爱、学识与思想的人格魅力。这个要求对一般的老师来说，可能稍微高了一些，但对你们来说不高，因为你们是朱自清教育思想的继承者！"

我感慨道："每次来到春晖中学，站在那一排平房前，我都惭愧，同为知识分子的我们，虽然也有本科甚至硕士、博士文凭，可和老一辈大师比，我们连学者都谈不上！"

十二

离开春晖时，天上鱼鳞一般的云片已经散开，无垠的天空如蓝色大海倒扣在我们头顶上，洁白的碎云朵宛如海面卷起的浪花。阳光正媚，洒在白马湖上，洒在湖边的我们的身上，也洒在我们所站的春晖校园里。新老校区的交界处，一块高七米、宽两米多的刻石屹立于仰山楼前。阳光下，刻石正面和背面所刻"高山仰止，景行行止"八个字闪耀着光芒。

那一刻，我感到百年前的先贤大师们好像复活了，正从那一排平房走来。当年校园寻常的情景，犹如一个美好的梦。春晖中学怀揣着这个梦，有理想的教育者在追逐这个梦。

我的脑子里突然跳出三个短语——春晖梦，教育梦，中国梦……

（主要参考资料来源于严禄标编著的《春晖的历程》，特此说明，并致谢。）

2021 年 11 月 28 日